# LE TRAVAIL

# LE CAPITAL

ET

# LEUR ACCORD

PAR

Henri ROZY

Professeur à la Faculté de Droit de Toulouse.

PARIS
LIBRAIRIE GUILLAUMIN
Rue Richelieu, 14.

TOULOUSE
LIBRAIRIE CENTRALE
Rue Saint-Rome, 44.

1871

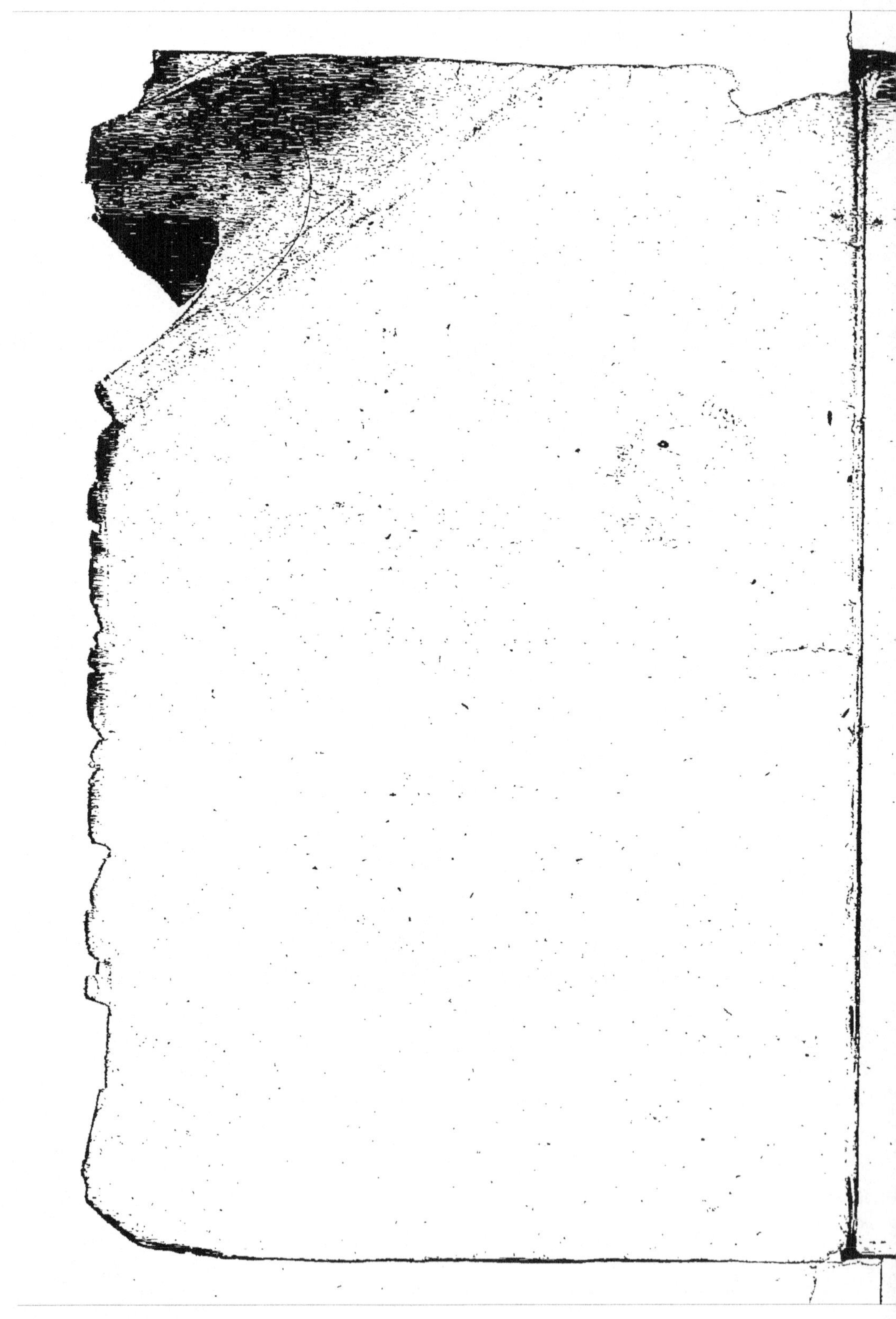

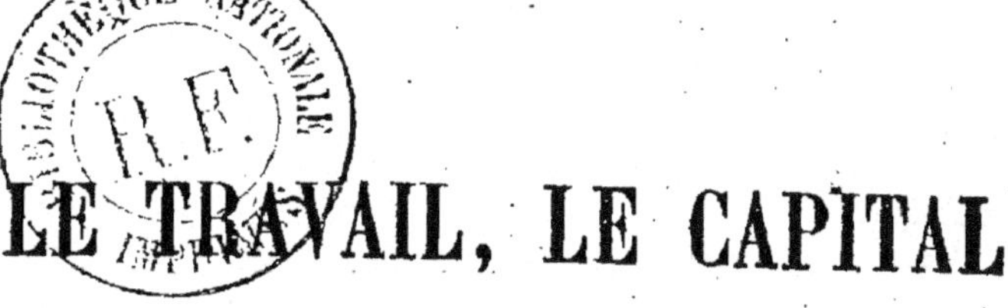

# LE TRAVAIL, LE CAPITAL

ET

## LEUR ACCORD

Toulouse, Imprimerie Nouvelle L. CASSAGNE et Comp°.
Rue Saint-Denis, 4 (faubourg Saint-Michel).

# LE TRAVAIL

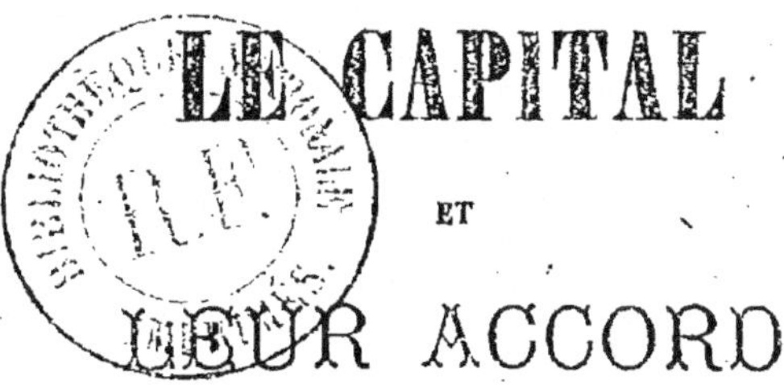

## LE CAPITAL

ET

## LEUR ACCORD

PAR

Henri ROZY

Professeur à la Faculté de Droit de Toulouse.

**TOULOUSE**

LIBRAIRIE CENTRALE

RUE SAINT-ROME, 44.

1871

Le capital a trois sortes d'adversaires.

Les uns sont, à la fois, violents et ignorants.

Les autres sont surtout ignorants, et quelquefois volontairement.

Les derniers, enfin, savent quelque chose et ont du cœur. Ils sont de bonne foi, quand ils soutiennent que les douleurs souvent imméritées, subies par un trop grand nombre de nos semblables, sont dues uniquement, suivant leur langage, à l'*exploitation du travail par le capital.*

Pour les premiers, hélas ! — et je le dis la mort dans l'âme —, on ne peut même tenter leur conversion. Les livres, tous les modes d'enseignement y seraient impuissants. Leurs bouches sont pleines de menaces, et, comme nous venons d'en faire la trop cruelle expérience, leurs mains sont toutes prêtes à s'armer sans scrupule du fer et de la torche incendiaire. Est-il possible de discuter avec eux? A la force sauvage, la force régulière et légale a seule le devoir de répondre, pour sauver la civilisation existante.

Quant aux ignorants, même de mauvaise foi, il faut leur ôter tout prétexte de récriminations déclamatoires, en multipliant les moyens d'instruction, et en répandant, pour réfuter leurs erreurs, des publications à bon marché et rédigées, avant tout, avec clarté et simplicité.

Enfin, pour ceux qui sont de bonne foi, mais qui se trompent, c'est aller, ce semble, au-devant des désirs secrets de tout esprit honnête, que de leur fournir l'occasion de contrôler leurs idées, au moyen d'une contradiction organisée sans autre passion que celle de la recherche de la vérité.

Voilà les sentiments et les seuls sentiments qui ont guidé l'auteur des pages qui suivent. Sera-t-il taxé de témérité, s'il dit qu'il lui semble y avoir déposé, sous une forme accessible à tout le monde, le résumé de quelques études consciencieuses sur les *rapports du travail et du capital* ? (1)

Juin 1871.

H. ROZY.

(1) Dans les petits livres à forme élémentaire, comme celui-ci, les citations ne peuvent abonder ; elles embarrasseraient le texte. Mais je manquerais à toute justice, si je ne constatais, avec reconnaissance, le secours sérieux que j'ai trouvé dans deux livres, dont je ne saurais trop recommander la lecture : *La mécanique de l'échange*, par M. Cernuschi, un des ouvrages d'économie politique les plus fortement pensés qui aient paru dans ces dernières années, et *Le Socialisme d'hier et celui d'aujourd'hui*, dû à M. Bénard, et où la clarté et la rapidité d'un style entraînant mettent en lumière les plus vigoureuses démonstrations.

# LE TRAVAIL, LE CAPITAL

## ET LEUR ACCORD

## CHAPITRE PREMIER

### Y a-t-il une question sociale ?

Toutes les fois qu'une commotion politique se produit, et surtout quand c'est la solution démocratique qui triomphe, il se pose naturellement un certain nombre de problèmes que bien des personnes embrassent sous ces trois mots : *La question sociale.*

Nous voudrions étudier ici, sous une forme élémentaire et concise, plusieurs de ces difficultés, les plus importantes; seulement, nous ferons bien des réserves vis-à-vis de la formule qui se trouve en tête de ces lignes. Son emploi nous paraît très dangereux, et nous dirons pourquoi.

Mais d'abord qui sommes-nous?

Nous sommes de ceux qui pensent que la réforme *politique* ne constitue qu'un moyen, et que le *but* à atteindre, c'est l'amélioration et l'élévation graduelles du bien-être moral et intellectuel du plus grand nombre de nos semblables.

Quand la politique, qui n'est pas autre chose que la science de *l'organisation des pouvoirs généraux d'une société,* a fait son œuvre, en s'inspirant du principe de liberté et en prenant souci de la dignité humaine, on est en possession du véritable instrument des réformes sociales. Mais ces réformes ne peuvent être organisées d'une manière juste et durable, que si l'on consulte une autre science qui s'appelle *l'économie politique,* et qui doit se définir, suivant son origine étymologique, la *science de l'aménagement des intérêts d'une nation.*

Elle seule peut nous dire quelles sont les institutions qui font le travail abondant et productif, — celles qui encouragent l'épargne, et qui peuvent mettre le crédit à la disposition de ceux qui en ont besoin — , comment les impôts doivent être constitués pour ne pas ralentir la production ou gêner la consommation, etc., etc.

Nous pensons donc que l'économie politique doit donner la main à la politique, et que leur union intime résulte, à la fois, et de l'identité du résultat à atteindre et de la similitude du moyen qu'il est de leur devoir d'employer ou de recommander.

Le résultat doit être identique. Car si l'économiste est toujours préoccupé de la lutte à organiser et de la victoire à remporter contre la misère et l'ignorance, l'homme politique peut-il conseiller ou rédiger une loi ou un réglement administratif qui n'aient aussi pour but d'élever le niveau moral, intellectuel ou matériel de ses semblables?

Quant au moyen à employer, sur le terrain de la politique comme sur le terrain économique, c'est toujours la liberté. Elle seule peut créer et garantir l'égalité des droits.

En résumé, pour nous qui sommes républicain par la raison comme par le cœur, nous appartenons à cette école qui ne voit dans la République que la conséquence et le couronnement de la doctrine libérale. Le libéral monarchique peut aimer bien des libertés: la liberté de la presse, celles de réunion, d'association, peut-être même celle du suffrage universel; mais il s'arrête en chemin. Il recule devant la liberté de choisir, à intervalles périodiques, le représentant du pouvoir exécutif. Le républicain, pour nous, est un libéral qui va jusqu'au bout, et qui tient beaucoup à ce droit de nommer un Exécutif temporaire.

Quant au réglement des difficult s économiques, il doit aussi, à notre avis, se faire par la liberté. La conciliation des intérêts ne peut s'obtenir que par leur libre jeu. Le bonheur lui-même ne saurait être le résultat d'une contrainte; il faut qu'il soit librement conquis. Qui voudrait d'un bonheur imposé?

Sans liberté économique, on ne constitue que des priviléges, des monopoles : avec elle seulement, l'on fait, à la fois, de la science et de la justice.

Cette profession de foi ainsi esquissée, nous répondons de la manière suivante à la question posée en tête de l'article :

Il y a des problèmes économiques ; mais il ne faut pas dire : *il y a une question sociale.*

Nous repoussons cette formule, comme dangereuse, pour trois raisons.

Le premier danger qu'elle offre, c'est de laisser croire que la société tout entière doit être remise en question, parce qu'on se préoccupe de réformes sociales.

En effet, qui dit *la* question sociale, dit question de *la* société. On ne distingue pas, on prend tout en bloc; et ceux, qui ne voient dans les mots que le premier sens qu'ils leur présentent, aboutiront évidemment à la formule suivante. Ils penseront que rien n'est à conserver dans les institutions actuelles, et qu'il faut tout supprimer, ou, du moins, tout modifier.

Le second danger de cette formule, c'est d'amener à penser que puisqu'il n'y a *qu'une* question sociale, elle doit être *simple* et facile à résoudre par un moyen *unique.*

Et, effectivement, ce sont là les doctrines qu'émettent le plus souvent, dans les réunions publiques, les déshérités de la fortune. En face de ce qu'on leur présente sous une expression qui semble indiquer qu'il n'y a qu'une solution sociale toute simple, ils demandent sans cesse l'emploi des moyens coërcitifs. Le pain leur paraît trop cher ; vite, il faut imposer la taxe. Le capital demande une rémunération légitime, puisqu'il n'est pas autre chose que du travail accumulé et économisé ; vite il faut mettre un frein légal aux réclamations du capital.

Ces pauvres gens sont logiques. On se sert d'un mot qui leur fait croire que le problème de la misère et de l'ignorance n'est pas un problème complexe. Ils pensent tout naturellement qu'il s'agit d'un nœud gordien qu'il faut couper plutôt que d'apprendre à le dénouer.

Ah! si on leur disait « prenez garde, les ques-
» tions économiques sont nombreuses et difficiles.
» Ce qui convient aux capitalistes industriels, en fait
» d'institutions de crédit, ne convient pas aux
» propriétaires du sol. — Le taux du salaire dé-
» pend d'une foule de circonstances sur lesquelles
» la loi est impuissante. Plus les ouvriers sont
» nombreux dans une branche d'industrie, et plus
» le salaire baisse; il hausse, au contraire, quand
» le nombre des concurrents est moins considérable;
» il faudrait donc quelquefois conseiller des dé-
» placements de travailleurs d'une industrie à l'au-
» tre. — Le rôle et la mesure de puissance de
» l'Etat sont très difficiles à préciser : il doit pro-
» téger le travail indirectement, sans jamais son-
» ger à l'entraver. — Un impôt mal assis peut sou-
» vent détourner de leur véritable but bien des
» forces et des ressources nationales, etc., etc. »
En un mot, si on leur montrait les questions telles qu'elles sont, nombreuses et complexes, que d'impatiences se calmeraient, tandis qu'on les surexcite, en leur laissant supposer que tout est simple, et qu'il n'y a qu'une seule question : — la question dite *sociale !*

Enfin le mot *sociale*, qu'on emploie pour caractériser l'ensemble des problèmes économiques, ressemble trop au mot *socialisme*, et entraîne par là un danger sérieux, quoique d'une toute autre nature que ceux que je viens d'indiquer.

En entendant ce mot, une foule de personnes très honnêtes pensent que les réformes *sociales* doivent être forcément des réformes *socialistes*. Or, comme certaines des doctrines que l'on embrasse sous cette dénomination trop vague, froissent plusieurs de nos instincts les plus vifs, en conseillant ou en voulant faire imposer par la loi une certaine communauté de vie ou tout au moins un rapprochement d'intérêts qui sont exclusifs de la liberté du foyer domestique, les expressions de *question sociale* éloignent de l'étude des problèmes de la misère et de l'ignorance bien des intelligences sérieuses et bien des cœurs généreux.

N'est-il pas plus naturel et plus vrai de donner à ces questions le nom qui leur appartient, de *questions économiques*? Leur champ est ainsi mieux limité d'abord; et ensuite cette dénomination n'effraiera personne. C'est le nom d'une science, tandis qu'il n'y a pas de science *sociale* proprement dite. Il y a *des* sciences sociales, il n'y a pas *une* science sociale, à laquelle on puisse faire endosser la responsabilité d'une solution *unique et rapide* de toutes les difficultés qu'entraîne le jeu des intérêts humains.

Ces réserves faites, nous ne mettons aucun embarras à convenir que le problème le plus pressant est, en effet, celui des rapports du travail et du capital, absolument comme le pensent ceux qui aiment à user ou à abuser de cette formule *de la question sociale*.

Et c'est pour l'étudier et en présenter une solution que nous écrivons ce petit livre.

Mais, comme ces pages s'adressent à tout le monde, et surtout à ceux qui n'ont point, en matière d'économie politique, une éducation complète, il nous faut faire précéder de quelques notions essentielles, sur la production et le rôle qu'y jouent le travail et le capital, l'étude du moyen que nous recommandons pour établir une harmonie durable entre ces deux éléments essentiels de tout acte de production.

# CHAPITRE II

—

**Des conditions essentielles de la production.**

Rien n'est plus commun que d'entendre dire : Le travailleur souffre, et le capitaliste s'engraisse des sueurs du prolétaire. Quelle est donc, au fond, la valeur de plaintes ainsi formulées ?

Si ceux qui s'en font les échos ou les propagateurs l'entendent en ce sens qu'il y a des hommes laborieux souffrant des douleurs imméritées, et qu'il est des capitalistes qui songent à abuser de leur situation pour vendre très cher le crédit qu'ils font à de pauvres gens, l'on sera bientôt d'accord. Tous les économistes , sans exception, cherchent et conseillent l'organisation d'institutions libres destinées à tarir la source de ces plaintes. Et nous prenons nous-même ici l'engagement d'indiquer avec soin des moyens pratiques pour tâcher de supprimer ou d'atténuer, sans violation d'aucunes libertés, des infortunes qui nous font saigner le cœur, quand ce n'est pas la paresse qui les a engendrées.

Mais pour un certain nombre de personnes, quand on parle des malheurs du *travail* et du bonheur insolent du *capital*, cela veut dire que le travail seul mérite d'être payé, et que le capital n'a droit à aucune rémunération. A coup sûr, c'est bien là l'idée qui se cache sous ces diatribes violentes qui se résument dans un seul mot : l'*infâme* capital.

Il faut être, sans doute, bien ignorant des conditions essentielles d'un acte de production quelconque, pour émettre une pareille erreur. Mais l'ignorance n'exclue pas la bonne foi. Et nous allons indiquer, pour les gens de bonne foi, quelles sont ces conditions. Nous aurons déjà, ainsi, ce nous semble, avancé beaucoup l'œuvre de la réconciliation du travail et du capital.

Pour cela, prenons deux exemples dans les actes de production dont tout le monde se fait une idée, l'un très simple, l'autre très compliqué ; et montrons que les mêmes éléments essentiels se rencontrent dans l'un comme dans l'autre.

D'abord, l'exemple le plus simple. Il s'agit d'un illon à tracer dans un champ.

Le travailleur chargé de cette besogne exerce son activité sur un fonds de terre. Il trouve sur ce fonds, à la fois, son point d'appui pour travailler et la résistance qu'il a à vaincre dans son œuvre. La terre est donc pour lui une *force naturelle, une matière première, un agent de production,* sans lesquels il ne pourrait pas accomplir sa tâche. Voilà le premier élément de la production.

Cet homme va faire une dépense musculaire, marcher, raidir ses bras, essayer de fendre un sol plus ou moins résistant : voilà le second élément de la production : le travail humain.

Mais ce travail ne peut pas s'accomplir avec la seule force des mains. Elle a besoin d'être doublée, décuplée par l'emploi d'un outil approprié au creusement d'un sillon. Or, cet outil a été fabriqué lui-même par un effort de travail humain s'appliquant à un produit naturel, à une force de la nature : le bois ou le fer. Et, quand il a été confectionné, il a cet avantage précieux de servir au creusement de plus d'un sillon ; il peut renouveler la même œuvre, sans se briser ou s'anéantir, un nombre de fois indéterminé. En d'autres termes, produit d'une certaine somme de travail accompli et accumulé, il vient en aide à des efforts actuels, qui ont besoin d'être réitérés à chaque sillon et à tous les pas de chaque sillon. C'est une charrue, dit le langage ordinaire pour le désigner comme instrument d'un travail spécial ; mais dans le langage de la production des richesses, l'on se sert d'un mot générique pour embrasser tout objet, tout produit réalisé par un travail antérieur et qui vient aider au travail présent : c'est un *capital*.

Enfin, quoique le fait de tracer un sillon n'exige pas une éducation de l'esprit très relevée, bien des personnes y sont inhabiles. Le labour lui-même a besoin d'être enseigné ; et puis, si l'on veut savoir économiser la terre au bout du champ à l'endroit où le sillon se retourne, c'est une véritable méthode qu'il faut employer. On n'y parvient pas d'un seul coup. Il y a donc, même pour cet acte simple, à tenir compte de l'intelligence du travailleur et de la culture quelle peut avoir reçue. Ce quatrième élément de l'acte de production, c'est *l'instruction*, la force intellectuelle du travailleur.

Elevons-nous maintenant à l'acte de production le plus compliqué que puisse fournir notre civilisation moderne : la construction d'un chemin de fer. Les mêmes quatre éléments s'y rencontreront : les forces naturelles ou agents naturels, le travail, le capital et l'instruction, mais employés et mis en œuvre ici avec une puissance et une intensité bien plus considérables.

Le premier élément comprend les terres à niveler et à empierrer, les tunnels à creuser, le fer à extraire pour fabriquer des rails, etc., etc. Le second, les efforts d'une quantité énorme de travailleurs, depuis le terrassier dont la pelle soulève péniblement quelques fragments de terre, jusqu'au mécanicien dont un simple coup de doigt détermine la marche d'un train pesant un chiffre effrayant de kilogrammes. Le capital est représenté par les outils puissants destinés à forger le fer, par les machines de toute nature, par les maisons ou cabanes destinées à abriter les travailleurs, par le numéraire qui a servi à payer le salaire des ouvriers, etc., etc. Enfin, l'intelligence des ingénieurs qui ont tracé la voie et combiné tous les ouvrages d'art, la direction imprimée aux travaux par les surveillants et les conducteurs, le sang-froid et la précision des mouvements des mécaniciens, tout cela ne montre-t-il pas combien est large la part de l'instruction dans un travail de cette importance ?

Et maintenant, que chacun, entre ces deux exemples choisis, à dessein, au premier et au dernier degré de l'échelle de la production, place par la pensée l'acte qu'il voudra, la fabrication d'un produit quelconque ; qu'il tourne et retourne

toutes les hypothèses possibles ; la nature des choses lui montrera , toujours et partout, les quatre
éléments de la production comme fondamentaux
et indispensables.

Ce n'est pas la loi écrite, ce n'est pas telle ou telle
institution éphémère qui a exigé le concours simul-
tané de ces éléments essentiels. C'est une loi bien
supérieure à toutes les législations formulées : c'est
une loi naturelle.

Supprimez le concours de la terre et de ses produits, et essayez donc de travailler dans le vide.

Supprimez le travail qui déplace les objets, qui
les sépare ou les réunit — car tout travail manuel
se résume dans ces deux opérations — et rien ne
bouge, et tout demeure dans l'immobilité.

Supprimez le capital, c'est-à-dire les économies
faites sur les productions antérieures, et l'humanité
est obligée de recommencer chaque jour le travail
de la veille. Elle n'est ni abritée, ni vêtue, ni nourrie,
ni outillée. Le passé, c'est-à-dire le travail du passé
ne lui vient plus en aide.

Enfin, essayez de supprimer l'instruction, même
pour l'acte le plus élémentaire de production, les
efforts seront longs, très pénibles, improductifs. A la
façon seulement dont s'y prend un terrassier pour
creuser un fossé, on s'aperçoit de suite s'il a ou s'il

n'a pas sa petite part d'instruction, s'il a le sentiment de la mesure, s'il sait ou ne sait pas économiser ses efforts, bien employer son temps.

Est-il utile maintenant, cette première constatation faite, de rechercher quel est le plus important des éléments de la production, et s'il faut établir une hiérarchie entre eux ? A quoi cela peut-il servir ? A élever entre les hommes des barrières factices ? Ne serait-ce pas dès-lors contrarier le jeu des lois naturelles sur lequel repose la société, et qui fait de chaque être humain un instrument estimable et utile dans ce grand atelier de production qu'on appelle une nation. C'est évident. Aussi, sommes-nous tout à fait de l'avis de cet économiste anglais, auquel on demandait un jour quel était, du capital ou du travail, le facteur le plus important pour la création d'un produit. « Je vous répondrai, disait-il, lorsque vous » aurez su me dire quelle est la branche de la paire » de ciseaux qui a travaillé le plus, quand elle sert » à couper une étoffe. »

Ce qu'il est essentiel et sage, à la fois, de faire, c'est de montrer le capital et le travail à l'œuvre, d'étudier leur utilité, le résultat de leur concours, et de rechercher les principes naturels et supérieurs qui dominent leur mode d'action, et que nous révèlent, à la fois, la raison et l'expérience.

# CHAPITRE III

—

## Du Travail.

Tout le monde croit savoir ce que c'est que le travail et quels sont les principes qui dominent son action. Cependant, rien n'est plus commun que les erreurs courantes, à propos des efforts de l'activité humaine. Et ce qu'il y a d'original, c'est que, très souvent, les socialistes révolutionnaires et les conservateurs adoptent les mêmes préjugés, malgré la diversité profonde de leurs opinions.

Les lignes qui vont suivre sont destinées à combattre les erreurs les plus répandues à propos du travail.

## I.

La première, qui est commune à bien des gens, consiste à établir une ligne de démarcation profonde entre le travail *intellectuel* et le travail *matériel*.

Les socialistes révolutionnaires utilisent cette démarcation pour exalter les efforts du travail mécanique, aux dépens de la valeur du travail intellectuel ; et ceux qui sont placés à un point de vue tout à fait opposé, veulent, au contraire, que le travail intellectuel obtienne une suprématie indiscutable sur l'autre.

Erreur des deux côtés. Elle vient de ce que l'on ne donne pas, en général, du travail une définition exacte. Le travail doit se définir, *une action suivie à laquelle on se livre pour* CRÉER *une* UTILITÉ *nouvelle dans une chose, ou pour* AUGMENTER *son utilité naturelle.*

Le travail ne crée pas un atôme de matière. Il la transforme seulement, et l'approprie ainsi à nos besoins. Quand un arbre est devenu une poutre, le travail humain a *augmenté* un peu son utilité primitive, mais il ne l'a point *créée* tout à fait. Car, même à l'état d'arbre, le bois eût pu servir à supporter un plancher ; seulement, il l'aurait supporté, sans régularité, sans harmonie. Si l'arbre est devenu un meuble élégant, bien façonné, il a été transformé ; on l'a rendu apte à rendre des services que sa forme extérieure primitive ne permettait même pas de soupçonner. Mais, dans un cas comme dans l'autre, on n'a pas *créé* de la matière, on a seulement créé une *utilité* dans cette matière, ou l'on a augmenté son utilité naturelle.

Quand on est en possession de cette véritable définition du travail, on voit nettement quels sont les points de contact nombreux qui existent entre le travail *intellectuel* et le travail *matériel*. L'un comme l'autre ont pour but de créer *des utilités* et de ne créer que cela, et leur fraternité complète ressort de ces faits. Celui qui chauffe tous les jours une chaudière a pour collaborateur assidu Papin, qui a inventé la chaudière. Tout homme qui traîne une brouette ne fait que continuer l'œuvre commencée par Pascal, qui a inventé la brouette (1). Tous les travaux se ressemblent, ils se prêtent un mutuel appui.

(1) J. Simon, *Le Travail*, p. 49.

Qu'on ne dise donc pas dans le camp des socialistes révolutionnaires, que le travail *intellectuel* n'est pas créateur et que le travail *matériel* a seul ce caractère. Ce préjugé est engendré par cette idée fausse, que l'homme qui travaille *matériellement*, et qui touche à l'objet matériel par ses efforts, est un véritable *créateur de matière*, tandis que le travailleur intellectuel ne l'est pas. Tout cela est faux. L'homme est impuissant à créer un grain de sable. Il crée seulement des *utilités*, c'est-à-dire, il approprie les objets aux besoins.

Que, d'un autre côté, le travail *intellectuel* n'ait aucun dédain pour le travail *matériel*. Sans les efforts pratiques, sans la lutte de l'ouvrier avec la matière, les travaux intellectuels *d'invention* ou *de direction* demeureraient de stériles abstractions.

Il faut dire seulement, pour être exact, qu'il y a plusieurs sortes de travaux : les travaux *d'invention*, ceux de *direction* et ceux *d'exécution*. Il y a, sans doute, cette différence entre eux, que les deux premiers servent à une foule d'actes de production, sans avoir besoin d'être renouvelés pour chacun de ces actes, tandis que les autres doivent être réitérés. Mais ils ont tous, au fond, le même résultat.

## II.

*Le travail est une peine,* disent quelques-uns ; *c'est la marque de notre déchéance,* disent quelques autres. Et la preuve, ajoute-t-on, c'est que la paresse est bien plus douce que l'activité, et que presque tous les hommes aspirent au repos.

Ceux qui parlent ainsi n'ont pas étudié la nature humaine et n'en connaissent pas les harmonies. Sans doute, tout travail exige un effort ; mais l'effort, c'est l'activité, la vie, le mouvement. Est-ce que tout cela n'est pas beaucoup plus digne, plus méritoire que la somnolence et le repos ? Et com-comment comprendrait-on que ce qui fait notre véritable supériorité nous ait été infligé à titre de peine et de déchéance ? Est-ce que, même parmi les animaux, l'on ne classe pas aux premiers éche-lons ceux qui ont le plus d'énergie et de puissance active, et aux derniers ceux qui en ont le moins ? L'activité donc, la lutte, l'énergie, la combinaison des efforts, sont bien loin d'être des marques de déchéance; elles constituent, au contraire, la dignité d'un être.

Mais l'homme aime à se reposer, dit-on ; donc l'effort répugne à sa nature.

C'est ici que se révèle l'harmonie puissante de nos différentes facultés et de nos différents instincts. En même temps que l'homme travaille, il aspire au repos. C'est vrai. Et voilà précisément pourquoi les inventions les plus ingénieuses se sont produites pour économiser les efforts , voilà comment les machines les plus savantes ont été découvertes. C'est pour ne pas être obligé de trop travailler, c'est pour ne pas être écrasé sous une peine sans relâche, que l'homme a essayé et a obtenu de se racheter de la servitude du labeur le plus opiniâtre, en appelant à son aide et en accommodant à ses besoins toutes les forces et tous les secrets de la nature.

Bien des personnes connaissent l'histoire du premier perfectionnement apporté à la machine à vapeur par un paresseux de génie, dont la tradition nous a conservé le nom : Humphry Potter. Mais il est bon de le rappeler en détail.

Dans la machine, telle que Newcomen l'avait construite, les deux robinets destinés, l'un à donner accès à la vapeur, l'autre à introduire l'eau de condensation dans l'intérieur du cylindre, s'ouvraient et se fermaient à la main : un ouvrier, souvent des plus jeunes, était chargé d'exécuter cette opération. Pendant l'année 1713, un enfant qui était à ce poste sentit une vraie contrariété de ne pouvoir aller jouer avec ses camarades. Il remarqua que l'un des robinets devait être ouvert au moment où le balancier terminait sa course descendante, pour se fermer au commencement de l'oscillation opposée. Puisque les positions du balancier et du robinet se trouvaient ainsi dans une dépendance nécessaire, pourquoi le balancier lui-même ne pourrait-il pas servir à ouvrir et à fermer les robinets ?

Il fallut un certain temps pour faire cette observation minutieuse. Il en fallut aussi pour mettre le plan à exécution. Mais le problème fut résolu. L'enfant attacha à chacun des robinets deux ficelles de longeur inégale, et après bien des tâtonnements, il fixa leur extrémité libre à des points convenablement choisis sur le balancier ; de telle sorte qu'en s'élevant ou s'abaissant par l'action de la vapeur, le balancier ouvrait ou fermait lui-même les robinets, au moment nécessaire. La machine put ainsi marcher sans surveillant, et l'apprenti s'en alla triomphalement jouer avec ses camarades.

C'est donc l'amour du repos, auquel est dûe une invention qui introduisait toute une révolution dans l'emploi de la machine à vapeur. Combien de découvertes ont été obtenues sous l'empire de ce même désir !

Il n'y a donc pas défaut d'harmonie, lutte irréconciliable entre le besoin de travailler et le désir de demeurer inactif. Ils se sont souvent prêté un mutuel appui.

Et nous pouvons conclure :

Sans l'aiguillon du besoin, l'homme n'aurait peut-être pas travaillé. Mais, sans le désir de se reposer, son travail n'eût jamais été qu'un travail grossier et peu productif.

**III.**

Il n'est pas rare non plus d'entendre dire, surtout dans des moments de crise, *qu'il faut donner du travail aux ouvriers.*

Les socialistes autoritaires comprennent cette formule en ce sens, que la loi a le devoir d'inscrire parmi les droits de l'ouvrier et parmi ceux qui sont imprescriptibles, LE DROIT AU TRAVAIL. Ceux, au contraire, qui ont horreur du socialisme et de l'inscription de cette formule dans une Constitution, mais qui s'approprient cependant la même phrase, veulent dire qu'il faut, pour soulager la misère, faire quelquefois *l'aumône* du travail à l'ouvrier. Les propriétaires fonciers s'en servent souvent; et

quand l'on scrute le fond de leur pensée, on s'aperçoit qu'ils croient sérieusement que l'ouvrier leur
est, et doit leur être tout à fait subordonné, puisque, sans leur bonne volonté, il n'y aurait pas
de travail possible, et que c'est cette bonne volonté
seule qui crée le travail.

Ces erreurs, qui se produisent dans des camps
si opposés, ont pour origine commune cette idée
fausse, que le travail et la somme de travail dans
une nation dépendent uniquement de la volonté
des individus. C'est donc cette idée qu'il faut com
battre. Nous l'avons déjà fait en montrant, dans les
pages précédentes, qu'un acte de production ne peut
s'accomplir qu'à l'aide de plusieurs éléments indispensables, parmi lesquels il faut compter le capital
et les matières premières. Mais il faut préciser
davantage.

Le travail n'est possible qu'à une double condition: la première, c'est de s'exercer sur des matières
déjà existantes et mises en réserve, et la seconde,
d'être destiné à produire des objets dont on ait
besoin et que réclame la consommation. C'est évident : on ne peut travailler que sur des forces
déjà acquises, sur des matières brutes que l'on
transforme ; et pour faire ces transformations, il
faut avoir déjà les instruments de travail, les outils

de toute nature, des habitations pour abriter les ouvriers, des aliments à l'aide desquels on puisse les nourrir. Essayez donc d'improviser, en vous passant de tous ces secours, une opération quelconque, vous n'y réussirez pas. Ensuite, quand le travail est terminé, quand l'objet est produit, si personne ne l'achète et ne le réclame, comment soldera-t-on l'ouvrier, puisque l'objet fabriqué par lui ne trouve pas de débit? On ne paie un salaire que parce que l'on espère retrouver cette dépense, en vendant le produit pour la confection duquel on en a fait l'avance. Ou bien, si on ne la retrouve pas, c'est une véritable aumône que l'on a donnée, ce n'est pas du travail sérieux que l'on a commandé ; et l'on se fatiguerait bien vite de répandre des secours qui, au fond, n'auraient rien produit.

On le voit donc, le travail, sa rareté ou son abondance ne sauraient dépendre de la volonté de certaines personnes ; il faut une foule de circonstances particulières, en dehors de cette volonté, pour que le travail s'organise sérieusement.

Ah ! je sais bien ce que l'on objecte. C'est que l'on peut commander quelquefois des travaux *inutiles* et *improductifs*, sans se préoccuper du but à atteindre, et uniquement pour répandre des salaires. On songera, par exemple, à ouvrir des *ateliers de charité* pour faire des nivellements de terrain, même inutiles, pour abattre des arbres que l'on aurait conservés, si l'on n'avait pas voulu *donner du travail* aux ouvriers. Mais c'est là précisément le plus grand inconvénient de l'application de cette doctrine qui admet que l'on peut commander du travail, arbitrairement et sans remplir aucune des conditions que je viens d'indiquer plus haut. Au lieu de chercher, dans les moments de crise, à n'établir que des travaux productifs et qui auraient un résultat durable, tels que des travaux de drainage, d'irrigation, de plantation, d'assainissement, de construction utile; au lieu d'aider par des prêts faits avec intelligence les industries déjà existantes, l'on voit les particuliers, les communes ou l'Etat n'organiser que des expédients tout à fait temporaires, et offrir des secours, sous forme de salaires, pour récompenser des efforts sans résultat. Et, ici encore, des hommes d'opinions tout à fait opposées tiennent la même conduite, sous l'empire de la même erreur qui les réunit par hasard. Les ateliers nationaux, préconisés, ou tout au moins encouragés par le socialisme de 1848, reposent sur le même préjugé, que les ateliers de charité organisés, souvent sans prévoyance, l'hiver, dans de petites communes, pour venir en aide aux pauvres.

Voilà les conséquences dangereuses, au point de vue pratique, de l'erreur que je combats maintenant. Il en est d'autres, au point de vue moral, qu'il ne faut pas négliger de mentionner.

Dire et penser que l'on est maître de commander du travail, si on le veut, et de le refuser sous l'empire d'un caprice arbitraire, c'est vouloir placer le travailleur dans une dépendance injuste vis-à-vis du capitaliste. C'est tenir à lui imposer une situation inférieure, c'est vouloir qu'il sente et subisse cette situation. Est-il possible de trouver un moyen, hélas! mieux approprié pour organiser la haine ou, tout au moins, la défiance, entre les différentes classes d'hommes concourant tous, cependant, à la vie productive et au bien-être de la nation?

## IV.

Ce n'est pas tout. S'il est juste de combattre les préjugés de ceux qui veulent subordonner complètement le travailleur au capitaliste, il ne faut pas oublier, non plus, de réfuter ceux qui voudraient au contraire, faire du travailleur le maître absolu de l'organisation d'une société. Nous avons ainsi suffisamment désigné les partisans du *droit au travail*, et de son inscription dans nos Constitutions.

L'on sait ce que cache cette formule, quand on donne aux mots leur véritable sens. Elle veut dire que tout homme laborieux, ayant une spécialité de travail, doit être assuré, de par la puissance de l'Etat, de pouvoir continuer toujours, tant qu'il aura le désir de travailler, à s'exercer dans la branche d'industrie choisie par lui. Et, au premier abord, cette prétention ne paraît pas exorbitante.

Puisque le fontionnaire de l'Etat, dira le salarié, est toujours sûr de toucher son traitement, tant qu'il exerce sa fonction, pourquoi tous les citoyens, qui sont des parties intégrantes de l'Etat, n'auraient ils pas le même droit?

Rien n'est plus facile cependant que de montrer l'impossibilité de la reconnaissance du droit au travail. C'est que, — toujours la même idée fondamentale, — la somme de travail demandée dans une nation, ne dépend exclusivement d'aucune volonté humaine, pas même de la puissance de l'Etat.

Il est des produits absolùment essentiels, le pain, par exemple, pour lesquels on pourrait croire qu'il est possible de fixer les quantités d'fabrication à accomplir, et partant aussi, de limiter le nombre d'hommes destinés à les produire. Et cependant, quelle erreur ! La quantité de pain mangée par une population dépend beaucoup du reste de son alimentation : on mange moins de pain si l'on boit du vin et si l'on consomme de la viande. Or, qui peut affirmer, par avance, que telle quantité d'hommes s'abstiendra volontairement ou involontairement, ou ne s'abstiendra pas de vin ou de viande ? Dans une famille, c'est un enfant qui vient de naître, et dont la naissance impose au père de famille, qui n'a pas vu augmenter son salaire, l'obligation de faire des économies d'alimentation. C'est, dans une commune, un travail assez important qui vient de cesser et dont la cessation supprime les ressources de plusieurs de ses habitants, en leur imposant ainsi certaines privations. Il est donc impossible de mesurer ces fluctuations dans la consommation, même des choses les plus essentielles.

Et si c'est vrai pour celles-là, combien ce raisonnement devient plus convaincant pour d'autres objets de consommation qui ne sont qu'utiles sans être nécessaires !

Enfin, la démonstration n'est-elle pas éclatante, quand il s'agit de ces objets de toilette, d'ornementation des appartements, de toutes ces choses dont la mode ou le goût individuel augmente ou diminue le débit, sans qu'il soit possible de prévoir toutes ces modifications ? Et cependant, pour être logique, tous les ouvriers, tous les salariés devraient jouir du droit au travail, s'il était une fois proclamé, depuis le terrassier jusqu'au bijoutier, en passant par toutes les industries intermédiaires. Qui pourrait, en effet, dire, avec autorité, à une branche d'industrie : les besoins de ceux qui l'exercent sont moins respectables que les besoins des représentants d'une autre ?

Il y a donc là une impossibilité naturelle et absolue. Une nation ne peut pas être une caserne, où tout est réglé en matière de consommation, quantité et qualité.

Mais il y a mieux. Une conséquence non prévue par les travailleurs, qui réclament le droit au travail, c'est que leur liberté serait forcément enchaînée par une inflexible réglementation. Si, une fois, ce qui d'ailleurs est impossible, l'Etat avait décidé qu'il lui faut tant de boulangers, tant de bouchers, tant de tailleurs etc., etc., et, qu'à cette condition, il eût garanti du travail à tous ces hommes, en revanche, il aurait le droit de les empêcher de ralentir jamais leurs efforts ou de changer de profession. Vous voulez être toujours occupés, dirait l'Etat ; mais moi, qui vous garantis le travail, et qui sais ce qu'il en faut pour telle période de temps, je vous condamne à le faire. Vous voulez être protégés, en revanche obéissez-moi. Et alors, plus de choix libre dans les genres de travaux, plus de goût individuel, plus d'ardeur spéciale vous poussant librement dans une carrière déterminée. En un mot, la société convertie à tout jamais en couvent ou en caserne. Mais heureusement, la reconnaissance du droit au travail est impossible ; et, dès-lors, nous n'avons pas à nous préoccuper de ses conséquences.

Cependant, pour être exact et complet, je dois dire que tout le monde n'entend pas, de la façon que je viens de combattre, le droit au travail. Voici ce que je lis textuellement dans un livre, tout imprégné de ce que l'on appelle les aspirations du peuple de Paris et rédigé par M. Corbon, ancien vice président de l'Assemblée constituante en 1848, un ouvrier d'élite, qui manie aussi bien la plume de l'écrivain que les outils de l'ornemaniste. « Dans la « pensée de la grande majorité de la classe ouvrière, » le droit réclamé n'impliquait pas le moins du » monde que l'Etat serait obligé, *à première réquisi-* » *tion*, de donner du travail à tout individu qui en » manquerait, *sans le faire sortir de sa spécialité.* On » ne voyait là pour l'Etat, que l'obligation d'être

» prévoyant, et de se mettre en mesure, au cas de
» nécessité absolue, d'offrir un travail *quelconque* aux
» bras inoccupés qui le réclameraient. ». (1).

Mais, d'abord, il est certain que tout le monde
n'explique pas, comme M. Corbon, cette expression
de : droit au travail. Puis, les mots eux-mêmes :
*Droit au travail*, pris dans le sens grammatical,
ne sauraient s'entendre qu'en ce sens : droit au
travail *habituel* de chaque individu ; ils ne peuvent pas vouloir dire : droit à un travail *quelconque*.
Enfin, la doctrine, telle que la comprend M. Corbon,
aboutirait à la création *d'ateliers nationaux*, où l'on
verrait, ainsi qu'en 1848, des tailleurs, des bijou-
tiers, des fabricants d'articles de Paris, travailler
comme terrassiers. Est-ce là une solution sérieuse ?

Il est donc démontré, encore une fois de plus,
que, quelle que soit la face sous laquelle on l'envi-
sage, la doctrine du *Droit au travail* est une véritable chimère.


V


Enfin, un dernier préjugé, dont l'expression passionnée est le fait des socialistes, consiste à dire que

(1) *Le Secret du peuple de Paris*, p. 134.

le salariat constitue un mode de rémunération du travail, tyrannique, humiliant , et qui doit finir par disparaitre. On ajoute, pour rendre cette thèse plus intéressante , que le salariat est une transformation du servage, lequel était lui-même une transformation de l'esclavage, et que la logique de l'histoire veut sa disparition, comme elle a entraîné celle des deux premières institutions. Autant de mots, autant d'erreurs.

Qu'est-ce donc que le salaire? C'est une rémunération dont le chiffre, à peu près fixe, est indépendant des risques de l'opération industrielle à laquelle concourt le salarié, et qu'il touche avant la réalisation du produit. Sans doute le salaire est quelque fois exigu, trop exigu. Mais où est donc l'humiliation, où est la tyrannie ?

L'homme esclave l'était souvent par le fait seul de sa naissance. Engendré par une mère esclave, il suivait la fatale condition de son origine. Sa volonté n'étant pour rien dans ce fait qui le courbait sous la main d'un autre, il n'est pas douteux que c'était là une véritable tyrannie qui se réalisait. Le serf , aussi , était souvent placé dans la position de travailleur enchaîné à la glèbe , par telles circonstances qui ne dépendaient pas de lui. Et cette situation lui défendait de discuter les conditions de la rémunération de son travail.

Le salarié, au contraire, n'est salarié qu'en vertu d'un contrat qu'il passe librement avec un patron. Entre ces deux hommes se fait un marché, dont voici le résultat. Le travailleur, qui n'a pas de capitaux dans la main, qui n'a point de crédit, et qui ne peut pas attendre, pour être payé, la fin de l'opération industrielle à laquelle il concourt, demande et obtient d'être payé au jour le jour. Au lieu de courir les risques de l'acte de production et d'attendre la vente du produit, il reçoit une rémunération, à peu près fixe, dont le chiffre peut bien subir quelques oscillations, mais entre lesquels l'écart n'est pas, en général, excessivement considérable.

C'est, en réalité, un forfait qui se traite entre l'entrepreneur d'industrie et l'ouvrier qui est employé par lui. Or, un forfait suppose un contrat, c'est à dire un consentement. Voilà ce qui différencie profondément le salariat du servage et de l'esclavage. Cette prétendue filiation qui fait venir le salariat du servage n'a donc aucun fondement sérieux.

Heureusement, les esclaves et les serfs ont disparu; mais, toutes les fois que l'on ne sera pas un entrepreneur d'industrie, on sera toujours forcément un salarié, à moins qu'on ne puisse être un rentier. Et ce n'est pas toujours, comme le disent des déclamateurs passionnés, un malheur involontaire qui fait

d'un homme un salarié. Il est des personnes timides, qui hésitent à affronter les chances lointaines
d'une opération et qui ont cependant quelques capitaux dans les mains, mais n'osent pas les aventurer.
Alors, elles travaillent pour autrui, et acceptent un
salaire, c'est à dire, une rémunération à peu près
fixe, qui n'a, en elle-même, absolument rien de
déshonorant.

Est-ce que tous les fonctionaires ne sont pas des
salariés ? Et il ne saurait en être autrement. Comme
il serait absolument impossible de déterminer, à la
fin de l'année, au moyen d'une espèce d'inventaire,
quelle est l'importance des services réels qu'a rendus
un professeur, un administrateur, un percepteur
d'impôts, on fixe un chiffre à forfait pour rémunérer
leurs services. Est-ce là un fait humiliant ? Non. Ce
qu'il y a de certain, dans tous les cas, c'est que
bien des Français recherchent avidement cette humiliation prétendue qui consiste à demander un salaire au budget de l'Etat.

Sans doute, le salarié peut émettre souvent des
plaintes sérieuses et fondées. Il a le droit de dire,
notamment, que ne dirigeant pas lui-même les travaux de l'entreprise qu'il sert, il est dans l'incertitude
sur sa situation future. Il peut même ajouter quelquefois que le capital lui fait des conditions assez dures,

quand il a besoin de crédit. Nous compatissons à ces plaintes et nous les enregistrons, parce que nous sommes sûr de pouvoir recommander un remède sérieux : *l'association libre entre les travailleurs*. Alors, les plus petites épargnes, tout-à-fait insuffisantes et sans force, dans la main des individus, deviennent de véritables capitaux, quand elles sont réunies en grand nombre. Et, si le crédit est acheté très cher par un homme qui n'offre presque pas de garanties, le groupement solidaire d'un grand nombre de ses semblables, réunis pour emprunter, change tout de suite les conditions de l'emprunt.

Mais, que l'on cesse une bonne fois de protester, avec une violence que l'ignorance seule peut excuser, contre un mode de rémunération du travail qui est conforme à la nature des choses, qui a sa base dans un contrat libre, et qui ne disparaîtra jamais complètement, parcequ'il est des services qu'il faut forcément estimer à forfait, ou qu'il y aura toujours des hommes qui aiment mieux troquer contre une somme fixe, même peu considérable, les chances toujours problématiques d'une opération commerciale et industrielle.

de
le
ju

no
so

tou
vin
ch

# CHAPITRE IV

—

## Du Capital.

Le capital ! voilà l'ennemi, s'écrie-t-on de bien des côtés. Nous répondons : c'est un auxiliaire dont le concours est absolument indispensable et qu'il est juste de rémunérer. Et nous le démontrons.

Mais d'abord, définissons le capital et rendons-nous compte de son rôle et de sa puissance dans la société.

On désigne sous le nom de capital : tout produit, toute valeur mise en réserve, dont l'emploi peut servir à un nombre indéfini d'actes de production. Un cheval, employé dans une exploitation agricole, est un capital, au même titre que la machine à battre, ou que le bâtiment de la ferme. Le cheval ne meurt pas, parce qu'on l'a employé à *une* seule opération, pas plus que le bâtiment de la ferme ne se détruit, parce qu'on y a abrité *une* fois une récolte ; ils durent, et leur durée est indéfinie, en ce sens, que l'on ne saurait dire, par avance, quel est le nombre d'actes de travail auxquels ils peuvent venir en aide.

Au contraire, la poutre, le fer, les clous, utilisés pour la construction d'une maison, sont immobilisés ou transformés pour un temps indéfini, et n'ont servi qu'à un seul acte de production, la construction de la maison.

Les capitaux ne se forment, que parce que l'on ne consomme pas, tous les jours, tout ce que l'on produit. Le capital, c'est la réserve des produits qui restent après la consommation journalière. Quant aux formes sous lesquelles se présentent les capitaux, elles sont multiples. Ce sont : de la terre cultivée, des maisons, des machines, des outils, ou de l'argent, cette matière dont la valeur est acceptée par tous, à cause de sa qualité fondamentale, qui lui permet de condenser, sous un petit volume, une quantité assez considérable de richesses.

Mais, quelle que soit la forme, sous laquelle se présente le capital, tous ceux qui en possèdent une partie ont légitimement l'espérance que s'ils la prêtent à l'un de leurs semblables, en vertu d'un contrat librement consenti, ils auront le droit de réclamer, outre la restitution de la valeur prêtée, une autre valeur engendrée par celle-ci. Le propriétaire de la maison ou de la machine appelle cette seconde valeur, *loyer ;* le propriétaire du sol l'appelle *rente* ; le capitaliste qui prête en la forme civile, l'appelle *intérêt*, celui qui prête en la forme commerciale, l'appelle *escompte.* Mais sous ces noms divers, c'est toujours la même idée qui se fait jour : à savoir que le prêt d'un capital constitue un service qui doit être rémunéré. N'est-il pas certain que, lors même qu'un prêt n'a pas encore été accompli, celui qui a dans les mains une somme d'argent qui pourrait servir à ce contrat, fait toujours entrer dans ses calculs la possibilité de toucher des intérêts ? Il ne vient à l'idée de personne que le numéraire doive demeurer improductif.

Voilà le rôle du capital. Et quelles que soient les nécessités auxquelles on obéisse quelquefois, en empruntant, comme ce n'est jamais qu'en vertu d'un contrat que le capital se déplace, on ne peut pas accuser sérieusement les capitalistes de faire toujours violence aux emprunteurs. Il n'y a pas, dans les pays civilisés, de loi, d'ordre du gouvernement, qui vous imposent l'obligation d'emprunter, et, partant, de payer un intérêt.

Mais, dit-on , voyez quelle injustice. Au bout d'un certain nombre d'années, le locataire d'une maison, l'emprunteur d'une somme d'argent, a payé une somme égale à la valeur de la maison, au chiffre de l'argent prêté. Il a donc remboursé ce qu'on lui avait remis ; et cependant il n'a pas du tout éteint sa dette, qui consiste à rendre la maison libre, à la fin du bail, ou à restituer l'argent à l'époque fixée par le remboursement.

Telle est l'objection capitale, en sa crudité. Elle ne nous fait pas peur. Nous soutenons et nous allons démontrer que cette rémunération payée au capital est, 1° Utile ;

2° Juste.

Et qu'il soit bien entendu que la démonstration vaudra pour tous les capitaux, quel que soit leur chiffre, pour tous les capitalistes , quelle que soit leur fortune. Si un capital de dix francs a droit à une rémunération, un capital d'un million de francs a le même droit. Il importe., en effet , fort peu que ce capital d'un million soit formé de cent mille petits capitaux de dix francs, possédés chacun par des mains différentes ou bien réunis dans la même main. C'est la justification de la rémunération du capital qui doit être faite ; la qualité de son possesseur, d'être riche ou pauvre, est tout à fait indifférente.

En premier lieu, la rémunération dûe au capital est utile.

Sans elle, personne n'aurait jamais songé à épargner et à réserver un excédant de la production sur la consommation. Pour épargner, pour ne pas tout dépenser au jour le jour, pour restreindre ses besoins, il faut y être encouragé. Or, le meilleur encouragement, c'est la certitude que lorsqu'on aura économisé, ces économies pourront vous rapporter quelques bénéfices, en dehors d'un travail continu. Le désir de se reposer, après avoir travaillé, est certes parfaitement légitime ; mais, pour pouvoir se reposer, il faut avoir le droit de compter sur un bénéfice que l'on obtiendra tout en se reposant. Voilà comment il se fait que l'humanité a pu vivre et grandir. Les produits du travail antérieur, épargnés, et condensés sous forme de capitaux , ont aidé les travailleurs qui sont venus après ceux qui avaient déjà économisé. Et c'est ainsi qu'au moment présent, la génération actuelle profite, en réalité, de tous les efforts des générations passées.

Qu'on cherche un autre moyen de pousser à l'épargne, en dehors de la rémunération sous forme d'intérêts, et l'on n'en trouvera pas. Il est pris dans la nature des choses. Comment détermine-t-on l'enfant à conserver les quelques sous qu'on lui donne ? En lui en promettant d'autres, pour le cas où il aura eu le courage de s'abstenir de dépenser les premiers. Comment sollicite-t-on les capitalistes quelconques de venir en aide à des industries nouvelles ? C'est en leur promettant, et en tâchant de leur assurer des augmentations sérieuses de capital , sous la dénomination *d'intérêts* ou de *bénéfices*. L'homme n'est pas un ange; s'il l'était, il agirait peut-être sans être poussé par l'intérêt. Mais il ne l'est pas; dès-lors, le mobile le plus général de ses actions, c'est le désir d'en obtenir un bénéfice. L'humanité a besoin d'épargnes; il a fallu, de nécessité absolue, qu'elle fut poussée à en faire.

En second lieu, la rémunération payée au capital est juste. Il y aurait injustice à ne pas lui en payer.

En effet, si j'habite, pendant quelque temps, une maison qui ne m'appartient pas , si j'use d'un capital en argent qui m'a été prêté par autrui, j'ai obtenu un service. On me l'a rendu, parce que je l'ai sollicité.

Or, tout service demande une récompense ; il serait donc injuste de jouir d'un avantage dont on ne voudrait pas donner l'équivalent, à moins que celui

qui vous l'a livré ne consentît à vous en faire cadeau.
Si donc, après avoir usé de la maison, après avoir
usé du capital-argent, je ne faisais que rendre
purement et simplement au propriétaire ou au capitaliste sa maison ou son argent, je ne lui don-
nerais rien pour le service qu'il m'a rendu. Il y
aurait une valeur dont je me serais enrichi, et
pour laquelle je ne fournirais pas d'équivalent.
Ou bien, je volerais ainsi ces deux personnes, ou
bien, je demeurerais éternellement leur obligé. Il
est bien plus simple de leur payer l'usage que j'ai
fait des choses qu'ils m'ont livrées, avec obligation
de les restituer.

Bien des esprits se contentent de cette justification
de la rémunération payée au capital. Mais, à mon
avis, ce n'est pas assez. Allons plus loin, et corrobo-
rons ces premières idées à l'aide de raisons qui ont la
valeur logique de véritables déductions mathémati-
ques. Mais il faut pour cela quelques développements
et quelques exemples.

Je suppose qu'un cultivateur ait serré dans sa
grange une récolte qui vaut 1,000 francs. Il sait qu'il
peut la vendre quand il voudra, et que ce prix est
le chiffre courant de sa denrée. D'autre part, il est
sûr de pouvoir obtenir, au bout de l'année, une récolte absolument pareille à la première, et devant

valoir également 1,000 francs. Il est entendu que je le suppose à l'abri de la grêle, de l'inondation, de toute cause de perte. C'est pour lui une certitude mathématique, de pouvoir obtenir, au bout de l'année, cette récolte de 1,000 francs. Voilà donc deux récoltes égales nominalement ; seulement, l'une est *présente, actuelle*, l'autre est *future*. Si ce cultivateur avait besoin de pouvoir disposer tout de suite, non-seulement de la récolte actuelle, mais de la récolte future, évidemment, il ferait un sacrifice sur le produit futur pour le rendre présent. Il abandonnerait quelque chose. Quelle valeur ? Je n'en sais rien ; mais il est certain qu'il consentirait à un abandon. Il le ferait pour s'assurer, tout de suite, la puissance d'acquisition que lui donnerait sur le marché la valeur qu'il ne doit toucher que dans un an.

Qu'est-ce que cela prouve ? qu'une valeur nominale de 1000 francs *actuelle* vaut plus que celle de 1000 francs *future*, que le temps est une valeur, que le moyen d'anticiper sur la réalisation d'un capital a un prix appréciable, puisque, pour l'obtenir, on est prêt à faire un abandon. Personne ne peut contredire ce résultat.

Au lieu de récoltes, prenons un exemple de sommes d'argent. Un individu a dans les mains deux valeurs de 1,000 francs chacune. L'une représentée par du numéraire, l'autre par un billet, souscrit par un débiteur très honnête, parfaitement solvable; mais celle-ci n'est payable que dans un an. Il faut toujours supposer, pour que le raisonnement soit concluant, que le paiement de la valeur future à l'échéance est tout-à-fait certain. Ces deux valeurs sont-elles égales ? Nullement. L'une vous donne une puissance d'acquisition immédiate sur tous les objets qui vous environnent, l'autre ne la donne que d'une manière lointaine. Si donc on voulait rendre *actuelle* la valeur à échéance dans un an, on serait tout naturellement porté à faire un abandon qui serait le prix de l'anticipation obtenue.

Et maintenant plaçons ces deux valeurs, l'une en argent, l'autre en promesse de payer, dans deux mains différentes; et le raisonnement va devenir saisissant.

C'est Pierre qui a prêté à Paul 1000 francs. Naturellement Paul a souscrit un engagement pour cette somme, payable, je le suppose, dans un an. Paul a donc dans les mains une valeur *actuelle* de 1000 francs; et Pierre a, sous forme de promesse, une valeur *future*, de 1000 francs. La valeur qu'a Paul, quoique étant nominalement la même que celle qu'a Pierre, est cependant, au fond, plus considérable. Elle donne au premier une faculté d'achat instantanée et rapide, que le second n'a point, avec la promesse de payer un capital de 1000 fr. Donc Paul a dans les mains plus que n'a Pierre. Et si au bout de l'année, Paul ne rendait à Pierre juste que 1000 francs, il ne lui rendrait pas en réalité tout ce qu'il a reçu de lui, car il tient ces 1000 francs depuis un an ; et en ne restituant que cela, il ne donnerait rien pour le service rendu. Il faut, de toute justice, qu'il donne quelque chose en sus de ces mille francs, quelque chose qui représente la différence qui existe entre une valeur *actuelle* de 1000 francs, et une valeur *future* du même chiffre.

Encore un autre exemple. Un propriétaire loue sa maison, qui vaut 30,000 francs, à un locataire, pour deux ans. Un contrat de bail est passé entre eux ; en vertu de ce contrat, le locataire tient dans les mains un capital actuel de 30,000 francs et le propriétaire tient une promesse qu'on lui restituera ce capital au bout de deux ans. Ces deux capitaux ne sont pas plus égaux en réalité, quoiqu'ils le soient nominalement, que ceux dont nous parlions, il y a un moment ; car l'un est une valeur *actuelle*, l'autre, une valeur *future*. Pour rendre donc exactement le capital dont la possession lui a été livrée, le locataire devrait restituer une maison un peu plus grande et un peu plus belle que celle qui lui a été donnée, pour représenter la différence qui existe entre le capital présent et le capital futur. Mais comme cette évaluation, en quantité représentée par un immeuble, serait très difficile, pour ne pas dire impossible, il est bien plus simple de payer une somme d'argent qui serve à évaluer cette différence et dont le montant sera, d'ailleurs, l'objet d'un débat libre entre le propriétaire et le locataire.

On le voit donc, l'intérêt payé pour la possession d'un capital n'est pas le produit d'une invention arbitraire et tyrannique. C'est le résultat d'un fait inéluctable et forcé, de l'avantage qu'il y a à pouvoir disposer immédiatement d'une valeur pour laquelle on a promis une restitution future. Quand on veut prendre la peine de réfléchir sur la constatation de ce fait, il est moralement impossible de se livrer à des déclamations contre le capital. Nous touchons ici à la nature intime des choses. Est-ce qu'on peut supprimer la différence qu'il y a entre le temps présent et le temps à venir? Est-ce que l'on peut faire que l'avenir ait la même nature que le présent? Nous sommes donc sûr d'avoir posé la rémunération du capital sur quelque chose d'inébranlabl e et l'on peut dire, qu'adossé à cette argumentation, le capital défie toutes les récriminations.

3.

Mais, même quand on est arrivé à ce point, je comprends que l'on fasse encore une objection, et que l'on dise : «Pourquoi payer l'intérêt du capital,
» indéfiniment, perpétuellement, après avoir cepen-
» dant remboursé par fractions successives la valeur
» entière de ce capital prêté ou loué? » Il ne faut pas reculer devant la réponse.

D'un mot je la formule : Il est juste de payer le service, tant que l'objet qui a commencé à le rendre peut continuer à le faire. Mais quelques exemples sont nécessaires pour développer cette idée.

D'abord, un exemple très simple.

Nous nous supposons au début de la civilisation industrielle. Un ouvrier menuisier qui n'est possesseur que d'une hache et d'une scie, a pour voisin un menuisier plus avancé, possesseur d'un rabot. Il comprend que ce rabot aide puissamment à faire une bonne besogne ; mais, ou il ne peut pas en trouver, ou il n'a pas la somme nécessaire pour en acheter. Il va chez son voisin, et lui demande combien il sera obligé de payer, pour six mois, pour un an, pour tout le temps pendant lequel il usera du rabot qu'il veut se faire prêter. Le prix de la location s'établit en vertu d'un libre contrat. Celui qui avait besoin de ce nouvel instrument, a évidemment fait son calcul et a constaté que, même en défalquant le prix du loyer de cet outil du chiffre auquel il vendra les objets qu'il fabriquera, avec ce nouvel instrument, il aura encore un bénéfice au bout de l'année. Maintenant, pourquoi, si le rabot continue à être utile indéfiniment, ne pas payer indéfiniment son loyer? Ah! sans doute, si l'outil disparaissait, à un moment donné, et ne rendait plus de services, il ne faudrait plus lui payer de rémunération, Mais le temps, plus ou moins long, depuis lequel il en rend, ne saurait faire disparaître l'obligation de payer les avantages que l'on trouve encore dans sa possession.

Donc, quand le capital dure encore, le loyer, l'intérêt que l'on paie pour le rémunérer, est tout à fait équitable.

Nous allons prendre maintenant un exemple plus élevé, et montrer qu'il serait, à la fois, impossible et tout à fait injuste, d'admettre que le payement d'intérêts représentant, par leur somme, la valeur du capital, dispense de la restitution de ce capital.

Je reprends l'hypothèse de la maison de 30,000 francs mise en location. Si elle est louée 1 500 francs par an, au bout de 20 ans, le locataire aura payé 30,000 francs de loyer ; et ceux qui ne veulent pas admettre que le capital ait droit à une rémunération, estiment que le locataire a dû devenir, après ce temps-là, propriétaire de la maison qu'il avait louée.

D'abord, en fait, ce système serait bien difficile à pratiquer, même dans le cas d'un seul locataire. Car après avoir ainsi acquis la maison, il serait dans l'obligation de continuer à l'habiter toujours. S'il avait l'imprudence de la louer à autrui, et que le bail durât assez longtemps pour que le payement du loyer s'élevât à 30,000 francs, il aurait, à son tour, perdu la propriété de la maison. De telle façon, que si on voulait éviter ce résultat, on serait condamné à user personnellement de toutes ses maisons, de toutes ses machines, de tous ses capitaux, sous peine de les perdre au bout d'un certain temps.

Mais s'il y avait plusieurs locataires dans une maison, ce qui est le cas le plus ordinaire, la difficulté deviendrait inextricable. Les baux n'auraient probablement pas tous commencé le même jour. Ils n'auraient pas été, non plus, destinés à finir à la même époque. Dailleurs, la mort, qu'il faut toujours prévoir, se chargerait bien de rendre inégale la durée de ces contrats. Et alors, il arriverait qu'un locataire aurait acquis une portion d'étage représentant son appartement, après un certain nombre d'années, tandis que l'autre partie du même étage resterait encore au propriétaire ; et l'on ne pourrait jamais dire, en définitive, qui est ou qui n'est pas propriétaire d'une maison. Or, on sait que l'on ne porte

un intérêt actif qu'aux choses vous appartenant, que ce sont elles seules que l'on soigne, que
l'on aménage ; et au bout d'un certain nombre d'années, personne ne prendrait plus nul souci sérieux
des maisons destinées à l'habitation. Ce que je dis
pour les maisons s'appliquerait aux fonds de terre,
aux habitations des fermes, aux machines, etc., etc.,
enfin à tous les capitaux.

Plus qu'un mot maintenant, pour montrer l'injustice qu'il y aurait à considérer, comme payé de sa
maison de 30,000 francs, un propriétaire auquel on
aurait soldé 30,000 francs de loyer. Le locataire
met vingt ans à lui payer cette somme ; et lui, le propriétaire, il a placé à la disposition du locataire,
tout de suite, dès la passation du contrat de bail, une
valeur de 30,000 francs.

Vous croyez la lui avoir rendue sérieusement
par miettes et par morceaux, quand, lui, vous remettait cette valeur en bloc. Quelle erreur ! mais ce
propriétaire qui avait dans les mains, à un moment
donné, une valeur présente, actuelle, de 30,000
francs, n'était-il pas plus puissant, plus riche que
vous, locataire, qui ne pouviez dépenser que 1500
francs par an pour votre loyer ? Est-ce qu'avec sa
valeur de 30,000 francs, il ne présentait pas, pour
me servir d'une expression pratique et un peu tri-
viale, plus de *surface* que vous, locataire ?

Vous lui faites attendre vingt ans le remboursement de ces 30,000 francs, et vous affichez la
prétention de lui avoir acheté sa maison. Mais il
l'avait, déjà, cette maison, tout entière, complète ; il
pouvait la vendre. Et vous croyez la lui avoir recons-
tituée, lui en avoir donné la vraie valeur, en frac-
tionnant ainsi pendant vingt ans vos paiements.

Mais vous ne tenez donc pas compte de la différence énorme qui sépare un capital présent d'un
capital futur, vous ne sentez pas l'affaiblissement
injuste que vous imposez à la situation d'un homme
qui avait 30,000 francs, et qui ne les retrouvera
qu'au bout de vingt ans. S'il avait voulu vous
obliger, s'il avait voulu vous faire un cadeau, c'eût
été bien, il en était le maître. Mais il a passé avec
vous un contrat à titre intéressé, il n'a pas songé
à vous faire une libéralité; vous lui devez un loyer,
tant que la maison tient et tant qu'elle continue à
vous rendre le service que vous avez trouvé bon
qu'elle vous rendit.

# CHAPITRE V

—

## Y a-t-il lutte ou accord d'intérêts entre le travail et le capital ?

Quand on dit que deux êtres ou deux puissances sont naturellement en lutte, cela veut dire, en premier lieu, que ces deux êtres ou ces deux puissances ne peuvent pas collaborer ensemble ; en second lieu, que si une tentative de collaboration se produisait entre eux, leurs efforts, au lieu de créer un résultat utile, se détruiraient mutuellement. Voilà ce qu'on appelle la lutte et l'antagonisme proprement dits. Telle est la situation respective dans laquelle se trouveraient le travail et le capital, s'il y avait entre ces deux forces un désaccord certain.

Il ne nous paraît pas téméraire d'affirmer, sauf à le démontrer, que des résultats tout-à-fait opposés à ceux-là sont la conséquence du concours, dans une branche de production quelconque, du travail et du capital.

Et d'abord, pourquoi y aurait-il antagonisme entre le travail et le capital ? Au fond, ils ont la même nature.

Tous les capitaux ont été formés, à leur origine, par le travail. Les semences, les outils, les maisons, les machines, etc., etc., tout cela ne s'est constitué que par des efforts de l'activité humaine. Seulement, le capital c'est le travail d'hier, des années passées, des siècles antérieurs, tandis que le travail d'aujourd'hui, c'est un capital en formation. Il n'y a donc, entre le capital et le travail, qu'une différence de dates. Le capital, c'est le travail d'hier ; quant au travail d'aujourd'hui, il prépare le capital de demain.

Or, est-ce qu'une différence d'âge crée, entre deux êtres, un défaut d'entente absolu, une haine irréconciliable, comme le soutiennent ceux qui font la guerre au capital ? Il est donc bien permis, tout au moins, de présumer que l'accord peut exister entre le travail et le capital. Mais ce n'est là qu'une première vue ; il importe de préciser ce résultat d'une manière plus saisissante.

La question se présente sous deux faces. Le travail et le capital concourent toujours pour créer des produits ; et il y a à se demander, d'abord, si, dans la production, le capital et le travail sont deux ennemis ou deux véritables collaborateurs. Mais ensuite, quand le produit est obtenu, il faut que son prix serve à récompenser ceux qui ont aidé à la production. Il y a alors à rechercher si, dans cette répartition des valeurs destinées à rémunérer les facteurs de la production, le capital exploite cruellement le travail, ou si le travail n'obtient pas, comme le capital, une rémunération sérieuse.

Sur le terrain de la production, il est, pour ainsi dire, évident que les intérêts du capital et ceux du travail se confondent. En effet, *l'importance d'une industrie se mesure à l'importance du capital qui y est employé.* Peut-on songer à créer le moindre produit, sans être abrité, nourri, outillé? Sans réserves, pas de travail possible. Pourquoi le travail s'insurgerait-il donc contre le capital, puisque, sans lui, sans son concours, plus ou moins rémunéré, — ce n'est pas le point dont nous nous occupons maintenant, — le travailleur ne pourrait pas trouver le moindre emploi, et ne rencontrerait aucun travail organisé à accomplir ?

Ce n'est pas tout. *Plus la somme de capital em-*

ployé dans la création d'un produit, est considérable, et plus le produit manufacturé baisse de prix. Un exemple va mettre en lumière la vérité de cette proposition.

Une paire de bas de coton peut s'acheter pour deux francs; et quand l'on se prend à réfléchir à la quantité d'efforts qu'il a fallu accomplir pour créer ce produit, l'on est confondu de son bon marché. On est prêt à crier au miracle. Songez donc : d'abord le coton ne pousse pas en Europe. Il faut aller le chercher en Amérique : donc il faut avoir des vaisseaux pour cela ; et l'on sait quelle somme énorme coûte le plus petit navire. Le produit arrivé en Europe, il faut lui faire subir plusieurs préparations, il faut le convertir en fil; ensuite il faut le tisser. Et tout cela cependant ne coûte que deux francs; et à l'aide de ces deux francs, répétés, cela est vrai, autant de fois qu'il y a de paires de bas vendus, l'on paye les salaires des ouvriers, le loyer de l'immeuble dans lequel se trouve la machine à tisser, le loyer du vaisseau qui a apporté la matière première, le traitement du capitaine, le salaire des matelots, etc., etc. Comment donc expliquer ce phénomène? Par la quantité des capitaux engagés dans l'opération.

D'abord, à mesure que l'industrie humaine se dé-

veloppe, parce qu'elle a fait des réserves et des économies ou qu'elle est devenue plus savante, elle obtient
le moyen d'utiliser toutes les forces de la nature
qui se livrent gratuitement : le vent qui enfle les
voiles du vaisseau, la mer qui le supporte, la force
motrice des chutes d'eau servant à faire marcher
les machines. Et voilà autant de dépenses d'écono-
misées.

Ensuite, lorsque l'intelligence et les découvertes
encouragées par les capitaux président aux actes
de production, l'on trouve des procédés expéditifs;
et le produit est plus rapidement fait, en même
temps qu'on arrive à lui donner des qualités supé-
rieures.

Enfin, quand on est en possession de tous ces
procédés expéditifs et scientifiques, la production
devient très abondante, et, les produits étant nombreux, on peut donner chacun d'eux à un prix très
modéré. En effet, les intérêts à payer aux capitaux
engagés dans l'exploitation se répartissent sur une
foule d'objets, et ne grèvent chacun d'eux que d'une
façon insignifiante. Tout le monde sait cela. Un
grand commerçant qui a à payer des frais généraux
considérables, peut cependant donner chaque objet
de son commerce à bon compte et à meilleur marché
que son concurrent qui a cependant des frais géné-

raux moins considérables. C'est que les frais du premier se répartissent sur une foule d'objets, tandis que ceux du second doivent toujours être remboursés, mais à l'aide d'une vente moins considérable, portant sur moins d'objets.

Il est donc vrai de dire que, plus la somme des capitaux engagés dans une opération industrielle est considérable, et plus chaque produit de cette industrie baisse de prix, parce que la production en devient plus abondante.

Le capital et le travail ne sont donc pas en lutte, au point de vue de la production. Ils sont loin de se nuire et de se neutraliser mutuellement, car, les occasions de travail sont d'autant plus abondantes que l'emploi du capital est plus abondant aussi.

Mais ce n'est encore là que la moitié de la démonstration de l'accord des intérêts du capital et du travail.

Il importe maintenant de faire voir que cet accord se montre, non pas seulement sur le terrain de la production, mais même sur celui de la distribution. En d'autres termes, que l'augmentation des capitaux employés dans une industrie ne fait pas baisser les salaires, mieux même, qu'elle les fait, au contraire, hausser. S'il y avait antagonisme entre les intérêts du capital et ceux du travail payé par le salaire, on verrait, au contraire, le salaire baisser quand la part du capital deviendrait plus forte à cause de l'augmentation de la quantité de capital employé. Mais comme c'est le résultat opposé qui se produit, il y a donc accord entre les intérêts du capital et ceux du travail.

Démontrons-le, à ce second point de vue, en prouvant la vérité de la double proposition que nous venons de formuler.

D'abord, *l'augmentation du capital employé ne fait pas baisser les salaires*. En effet, plus nous allons, plus le monde marche, et plus le chiffre des capitaux va en augmentant. A-t-on jamais vu cependant les salaires baisser, en même temps que les capitaux augmentaient? Evidemment, non. Car si ce fait s'était produit, depuis longtemps tous les salaires auraient tellement baissé qu'ils seraient devenus tout à fait insuffisants, et qu'il n'en existerait presque plus. Que voit-on au contraire? c'est que les salaires baissent, non pas en raison directe de l'augmentation de capital employé, mais, au contraire, en raison directe de sa diminution. On l'a bien constaté en 1848, lorsque la révolution de cette année a effrayé tous les capitaux et en a resserré l'emploi. Le travail des métaux précieux, qui occupait à Paris, 16,819 ouvriers en 1847, n'en employait plus que 7,163 en 1848. Et le même phénomène s'est produit dans les industries de première nécessité, comme celle du vêtement. Elle occupait en 1847, 90,064 ouvriers ; et en 1848, seulement 44,051.

Mais voici enfin le dernier point : *l'augmentation dans l'emploi du capital, loin de diminuer les salaires, les fait au contraire hausser*. Et cela à un double point de vue. Il y a, d'abord, cette hausse du salaire, ou, pour mieux dire, cette augmentation indirecte du bien-être du salarié , provenant de ce qu'avec la même somme, il peut acheter plus de produits et des produits mieux faits que ceux qui étaient obtenus avant l'augmentation du capital. Cela vient toujours de ce que, plus il y a de capitaux engagés dans une exploitation, et plus la production est intelligente, économique, expéditive. Or, si avec un salaire de trois francs, dont la valeur nominale n'a pas changé, l'ouvrier peut acheter plus et mieux qu'il n'achetait avec le même salaire , vingt ans auparavant, il a obtenu le même résultat que si le chiffre de son salaire avait haussé nominalement.

Mais cette hausse indirecte n'est pas la seule. Nominalement même, les salaires augmentent avec l'augmentation des capitaux. On en peut fournir des exemples frappants. En 1769, lorsque Arkwright prit son premier brevet d'invention pour sa machine à filer, il y avait en Angleterre, d'après les documents officiels, 5,200 fileurs au petit rouet, et 2,700 tisseurs. Le salaire qui leur était alloué s'élevait annuellement à la somme de 3 ou 4 millions de francs. En 1833, il y avait 487,000 individus employés seulement à la filature et au tissage des étoffes de coton ; et, en comptant les industries latérales, — impression des étoffes, bonneterie, etc., — on arrive au chiffre de 800,000 ouvriers, et à celui de 455 millions dépensés annuellement en salaires. Faisons la comparaison : avant 1769, les 3 à 4 millions, répartis entre 7,900 travailleurs, donnaient 400 francs par tête, tandis que les 455 millions, répartis entre 800,000 ouvriers, font 560 francs pour chacun.

Et d'où cela vient-il? C'est que, plus les capitaux engagés dans une branche d'industrie sont nombreux et plus ils se font concurrence. Voulant s'employer à tout prix, ils baissent leurs prétentions, c'est-à-dire qu'ils se contentent d'un bénéfice relativement peu considérable. Et plus la part du capital est faible, plus celle du travail augmente. Car le prix des objets est toujours composé de deux éléments : intérêt ou profit du capital et salaire du travail. Si l'intérêt baisse, naturellement le salaire hausse, et réciproquement.

La démonstration n'est-elle pas complète? Où est donc l'antagonisme naturel et le défaut invincible d'accord entre le capital et le travail? Leurs destinées ont été souvent les mêmes, et l'agrandissement de l'un n'a pas nui aux intérêts de l'autre.

Il reste bien cependant, je le sais, une dernière objection. L'on peut dire : mais quelle que soit l'harmonie existante entre la progression de l'emploi du capital et la progression des salaires, il y a toujours ce fait brutal, que lorsqu'un produit est vendu 10, souvent le capital prend 6 ou 7, tandis que le travail n'est rémunéré que par la somme restante, 4 ou 3. Donc, objectera-t-on, le capital règne en maître, tandis que le travail est infériorisé.

Personne ne peut nier que ce fait ne se produise fréquemment; et je ne saurais trop le répéter, si quelquefois le travailleur souffre de l'exiguité de son salaire, il n'est pas de force au monde, pas même la force de la loi, qui puisse le faire hausser justement. Nul ne peut intervenir dans les contrats passés entre le travailleur et le capitaliste, pour que le second fasse au premier une situation meilleure imposée par voie d'autorité. Ce n'est qu'à l'aide de combinaisons libres, voulues, consenties par tout le monde, que l'on pourra porter remède à ces situations. Et nous n'avons entrepris d'écrire ces pages qu'afin d'indiquer, pour cette difficulté, une solution que nous croyons la seule juste, parce que, seule, elle est fondée sur la liberté. Nous l'exposerons dans quelques instants.

Mais il ne faudrait pas trop s'étonner, au premier abord, que le capital ait souvent une part plus large que le travail. Le capital, c'est du travail accumulé, c'est la chose réservée, c'est la chose économisée. Et, pour que l'on songe à économiser et à réserver, ne faut-il pas y être excité, ou tout au moins encouragé d'une façon sérieuse ? N'est-il donc pas naturel que l'on vous donne une espèce de prime ? Le travail du passé, que l'on a économisé, et qui n'est pas autre chose que le capital, a sur le travail présent une antériorité, une avance, on pourrait oser dire, une cause de préférence sur le travail présent. Tout cela, dès-lors, ne peut-il pas presque complétement justifier les prétentions, quelquefois un peu rigoureuses, du capital au regard du travail ?

Ce qui prouve, d'ailleurs, que ces prétentions du capital ne sont pas aussi exorbitantes qu'on veut bien le dire, c'est que généralement, on ne leur trouve ce caractère que lorsqu'on est emprunteur, et que quand on est prêteur, le point de vue change complètement. Dans tous les cas, il est certain que tous les

4

hommes tiennent compte, parmi les avantages que leur procure la possession d'un capital, de la faculté qu'il a de pouvoir produire des intérêts plus ou moins élevés.

Nous empruntons la preuve de ce fait à un récit pris sur le vif et qui a eu les honneurs d'une mention particulière dans une des séances tenues à Paris, dans la salle de la Redoute.

C'est M. Bénard qui le donne dans un livre excellent qui porte pour titre : *Le Socialisme d'hier et celui d'aujourd'hui*. L'auteur lui-même rencontre, un soir, à la sortie d'une des réunions publiques, un citoyen, qui, chemin faisant, lui raconta qu'il fabriquait des couverts à salade. La première question qu'il adresse à cet ouvrier porte sur le montant de ce que l'on pouvait gagner dans ce travail.

— Quatre francs à quatre francs cinquante par jour, répondit-il ; mais moi, ajouta-t-il, je gagne vingt-quatre francs.

— Alors, vous êtes un ouvrier hors ligne, un artiste ?

— Nullement ; mais j'avais économisé environ quinze cents francs ; j'ai épousé une jeune femme qui m'a apporté une dot de pareille somme. Avec nos trois mille francs, je me suis acheté une petite machine à vapeur, et, avec un peu d'aide de la part de ma femme, je fais six fois plus d'ouvrage.

— Je vois que vous comprenez toute l'aide que peut donner le capital; lui faites-vous sa part?

— Sans aucun doute, sur les vingt quatre francs que je gagne chaque jour, je prélève une part que j'affecte à l'entretien de ma machine et de mes outils, une autre part est mise de côté pour renouveller ma machine quand elle sera usée, car j'ai reconnu que l'entretien seul ne la ferait pas durer toujours, puis, je veux être à même d'en acheter une meilleure quand il s'en trouvera une.

Cette conversation était concluante pour démontrer que le capital n'est pas le tyran du travailleur, qu'il lui vient au contraire en aide, et que, même quand on en est propriétaire, on sent qu'il faut lui faire sa part, car il représente autre chose que le travail du jour et que l'effort quotidien. M. Bénard continue à nous apprendre que ce colloque fut par lui rapporté le lendemain, à la salle de la Redoute. L'impression fut bonne en général sur le public ; et l'assistance était prête à se convertir à la légitimité de la rémunération dûe au capital.

Mais un socialiste, abolitionniste du capital, qui se trouvait là présent, ne trouva rien de mieux, pour réagir contre cette impression, que de soutenir que la possession du capital n'avait pas été bien utile à l'ouvrier fabricant de couverts de salade, car celui-ci aurait pu acheter la machine à crédit (1).

Quelle singulière contradiction ! Ce socialiste convaincu ne pouvait pas ignorer que lorsqu'on achète à crédit, on paie beaucoup plus cher que lorsque l'on achète au comptant. Et la raison, nous l'avons donnée, c'est que 100 francs payés aujourd'hui valent plus que 100 francs à payer dans un an ; c'est là ce qui justifie précisément l'intérêt à fournir au capital sous une forme quelconque. De telle façon, que le socialiste, qui ne voulait pas entendre parler du capital et de l'intérêt, repoussait les éloges donnés à la possession d'un capital, en engageant à faire appel au crédit, qui précisément ne fonde ses combinaisons et n'établit des prix qu'en tenant compte, tous les jours, de la théorie de l'intérêt des capitaux.

Tant il est vrai de dire que l'on ne saurait impunément tourner le dos aux combinaisons naturelles des choses et que, quand on s'en éloigne systématiquement, on y est invinciblement ramené. La rémunération due au capital est un de ces faits universels

(1) *Le Socialisme d'hier et celui d'aujourd'hui*, par M. Bénard, pag. 101 et suiv.

que personne n'a inventés , qu'aucune loi n'a eu
besoin d'imposer, et qui durera éternellement, en
vertu de ce principe : que tout service rendu mérite salaire.

# CHAPITRE VI

—

**Des moyens erronés proposés pour remédier aux difficultés entre le travail et le capital.**

La démonstration, que nous venons de faire, de l'accord qui existe entre les intérêts du capital et ceux du travail, ou n'est pas connue de tout le monde, ou n'est pas toujours goûtée. Nous-même, nous reconnaissons, sans embarras, que dans les temps de crise, les capitaux, se faisant rares, deviennent très chers. D'autre part, il est certaines personnes, pour lesquelles on peut dire que la crise est permanente et qui n'obtiennent jamais la possession du capital qu'à des conditions assez dures. Elles offrent peu de garanties, elles ont peu de solvabilité, et,

tout naturellement, le prêteur tâche de se couvrir des
risques qu'il court par l'augmentation de l'intérêt
qu'il réclame.

Ces douleurs, souvent imméritées, éveillent la
sollicitude des hommes qui ont du cœur et qui aiment à réfléchir. Et alors, pour guérir ces maux
trop réels, les remèdes abondent en apparence.
Seulement, il faut les soumettre à un contrôle sérieux, s'assurer s'ils ne sont pas factices et impuissants, et n'aggravent pas le mal, en entretenant des
espérances irréalisables ou en détournant les intelligences de la véritable voie à suivre pour arriver à
des solutions pratiques.

Ce sont les préoccupations suscitées par le problème de la misère qui ont enfanté les théories com-
muniste, Saint-Simonienne, Fouriériste, ainsi que
celle de *l'organisation du travail* de M. Louis Blanc.
Ces doctrines ont fait beaucoup de bruit dans leur
temps ; mais elles sont maintenant assez oubliées,
et ont gardé peu d'influence sur l'esprit des masses
travailleuses.

La communauté des biens, et partant, l'absence
de toute appropriation individuelle, répugne trop
vivement à la nature humaine qui compte parmi ses
instincts les plus puissants le désir de posséder pri-
vativement un certain nombre de choses. Pourquoi,

le plus souvent, le pauvre aime-t-il mieux mourir seul et sans secours dans sa mansarde, que d'aller à l'hôpital ? C'est qu'il ne veut pas vivre d'une communauté de vie, qui froisse le sentiment qu'il a de sa personnalité, si modeste qu'elle soit.

Le Saint-Simonisme, qui prêchait l'abolition de l'héritage, n'a pas pu faire non plus de nombreux adeptes. Le droit de transmettre ses biens après sa mort, malgré même leur peu d'importance, est un excitant au travail ; et si l'on ne pouvait pas faire un testament, on sentirait sa liberté fort diminuée, et sa dignité très abaissée.

Le Fouriérisme lui-même, qui admet cependant l'héritage, qui respecte le capital individuel, mais qui recommande, comme un idéal, la constitution de grandes ruches humaines sous le nom de *phalanstères*, trouve peu d'enthousiastes. L'on sait, d'ailleurs, vaguement que les essais communistes de Cabet ou les tentatives Fouriéristes de Considérant n'ont pas réussi ; et la faveur publique ne s'attache pas longtemps aux choses que l'expérience paraît avoir condamnées.

Enfin, l'on se souvient du peu de succès qu'ont obtenues, en réalité, les prédications de M. Louis Blanc, au Luxembourg, en 1848. On les a rendues responsables, fort à tort, du reste, de la déplorable

4.

organisation des *ateliers nationaux* du Champ-de-Mars, contre laquelle M. Louis Blanc, avait, au contraire, toujours protesté. Mais, pour ceux-là mêmes qui ne calomnient jamais un adversaire afin d'avoir raison de ses doctrines, il est exact de dire que les mots *d'organisation du travail*, que M. Louis Blanc avait propagés et mis en honneur, rappellent fâcheusement des constitutions d'ateliers dans lesquels l'Etat serait le seul producteur, et où l'égalité des salaires devrait être appliquée, sinon tout de suite, du moins comme un idéal à atteindre. Il faut avouer que ces doctrines ne sont favorables, ni à nos goûts naturels de liberté ni à notre instinct de justice, qui veut que le travailleur soit payé suivant l'importance et le mérite de ses travaux.

Ce serait donc méconnaître l'état réel de l'opinion, que de s'attarder à combattre des thèses, qui ont eu leur jour de vogue, mais dont l'influence est maintenant presque insignifiante.

Tout au moins, ces doctrines ont changé d'enseigne, elles se sont quelquefois modifiées profondément, C'est sous leur forme actuelle qu'il faut savoir les reconnaître d'abord, et puis, les combattre.

Quand on s'est rendu un compte exact des déclamations plus ou moins passionnées contre le capital, entendues dans les réunions publiques, surtout à

Paris et dans les congrès d'ouvriers, l'on peut être à peu près sûr d'énumérer toutes les solutions erronées, proposées pour détrôner *l'infâme tyran*, en les rangeant sous les quatre] dénominations suivantes :

1° *Garantie et assurance d'un minimum de salaire ;*
2° *Gratuité du crédit ;*
3° *Mutuellisme ;*
4° *Collectivisme.*

§.

*De la garantie et de l'assurance d'un minimum de salaire.*

C'est de beaucoup la solution la moins révolutionnaire. On la justifie de la manière suivante :

Le capital a des prétentions exagérées. En prenant une part trop large dans le produit, il réduit les salaires outre mesure. Or, les salaires servent à satisfaire les besoins les plus urgents du travailleur ; ne faut-il pas, au moins, lui assurer le minimum de l'entretien de la vie? Sans cela, la société n'a pas rempli son devoir : elle peut laisser mourir de faim un certain nombre d'hommes.

Comme moyen pratique de l'application de cette idée, l'Etat intervient, ou par une loi, ou par des réglements généraux, entre les patrons et les ouvriers, et défend qu'un travail d'une telle nature soit payé au dessous d'un certain chiffre. Au dessus de ce chiffre, les conventions redeviendraient parfaitement libres. Que penser de cette doctrine?

D'abord, il est certain que l'Etat entreprendrait là une tâche bien délicate et bien difficile, en voulant déterminer pour chaque industrie le minimum du salaire. Ce qui peut être considéré comme absolument essentiel pour la vie, dans un centre de population important, peut, au contraire, être abaissé dans une agglomération plus restreinte. Puis, une règle générale et uniforme serait-elle juste ? Prendra-t-on pour type des besoins à satisfaire par le minimum de salaire, ceux de l'homme marié ou du célibataire, ceux de l'homme marié ayant un enfant ou de celui qui en a deux? Et il ne faut pas dire que ces questions soient indifférentes. Quand l'Etat veut jouer le rôle de providence, il faut au moins, qu'il soit une providence intelligente.

Mais ce n'est là que le commencement des difficultés ou des impossibilités qu'entraînerait l'essai de l'application de cette idée. Poursuivons. Si, à un moment donné, un industriel dont le travail a diminué, est toujours obligé de donner le minimum à ses ouvriers, que fera-t-il, en face de ce ralentissement de son industrie ? Pour compenser la perte que la règle du minimum des salaires lui impose, il renverra une partie de cès ouvriers. On ne suppose pas, en effet, dans la doctrine que je combats maintenant, que la puissance de l'Etat aille jusqu'à imposer à l'industriel de garder tout un personnel qui lui serait à charge. Et comme c'est la loi ou le règlement de l'Etat qui aurait entraîné cette situation, les salariés sans travail iraient se plaindre à l'Etat lui-même et lui demanderaient de créer des ateliers nationaux.

Cette organisation du minimum des salaires a donc pour corollaire obligé une espèce de reconnaissance tacite, mais effective du droit au travail; et il suffit alors de se reporter à ce que nous avons dit plus haut sur ce point.

Je raisonne, d'ailleurs, toujours dans l'hypothèse où cette loi du minimum serait religieusement observée par les ouvriers et les patrons. Mais l'on comprend que cette observance fidèle serait, en réalité, tout-à-fait impossible. Le patron, qui y sera intéressé, entrera en composition avec l'ouvrier dont les besoins sont pressants. Le salarié, père de famille, et obligé de nourrir cette famille à tout prix, consentira aussi à travailler pour un chiffre au dessous du minimum. Ses camarades chercheront à savoir si sa volonté n'a pas eu de défaillances devant le besoin ; et quand ils en auront acquis la preuve, ils le violenteront, comme nous l'avons vu trop souvent, dans les grèves, soit en France, soit en Angleterre. Ce serait donc l'inauguration dans le champ de l'industrie, de l'inquisition permanente, et de la violation quotidienne de la liberté des contrats. Ce qui est violent ne dure pas, dit un axiôme de bon sens populaire. Ce régime périrait par ses impossibilités ou ses excès.

## II

### *Gratuité du crédit.*

Proudhon avait songé à organiser une *banque d'échange* qui mettait le crédit à la disposition de tout homme, pourvu qu'il prouvât qu'il était un travailleur et un producteur. C'est donc son idée qui a été rajeunie, et que l'on a prônée dans ces derniers temps, sous la dénomination de *banque de crédit gratuit.* Mais on a introduit quelques modifications à la pensée première.

Le but à atteindre avait été formulé déjà, à l'une des séances du Congrès de l'*Association internationale des Travailleurs*, tenue à Bruxelles, en septembre 1868, dans les termes suivants :

Considérant : 1° que l'intérêt et les profits de toute sorte acquis par le capital, sous quelque forme qu'ils se montrent, sont des valeurs prélevées sur le travail d'aujourd'hui au bénéfice de celui que le travail d'hier a déjà enrichi, et que ce dernier, s'il a le droit d'accumuler, n'a pas le droit de le faire aux dépens des autres ;

2° Que, par conséquent, l'intérêt est une source permanente d'injustice et d'inégalité ;

3° Que l'application sur une vaste échelle du principe de la solidarité pour les travailleurs est le seul moyen pratique, dont ils puissent disposer actuellement pour lutter contre la féodalité financière,

Le Congrès conclut à la fondation de banques d'échanges basées sur *le prix de revient*, ayant pour but de rendre le crédit démocratique et égalitaire, et de simplifier les rapports du producteur et du consommateur, c'est-à-dire de soustraire le travail à la domination du capital et de faire rentrer celui-ci dans son rôle naturel et légitime.

Mais nous prenons le résultat tel qu'il a été indiqué plusieurs fois à Paris, à la salle de la Redoute, depuis le Congrès de Bruxelles.

Il s'agirait d'organiser une banque d'escompte qui accepterait, moyennant 1/8 ou même 1/6 0/0 représentant les frais d'administration, toutes les *valeurs faites*, jugées bonnes, et payables à des échéances quelconques. On espère ainsi, à l'aide de la concurrence formidable que ferait cette institution à toutes les autres banques et à tous les capitaux en général, supprimer l'intérêt ou le profit payé au capital, sous toutes ses formes : loyer, fermage, etc.

Une première remarque à faire, c'est que cette banque ne viendrait pas en aide à tout le monde et qu'elle laisserait sans secours, précisément, les plus malheureux des salariés, ceux qui travaillent à la pièce ou à la journée et n'ont, pour vivre, que le produit de ce louage, ou ceux qui, dans une position plus intéressante encore, n'ont pas toujours l'occasion de travailler, et qui offrent leurs bras ou leur intelligence. Effectivement, aucun de ces hommes n'a en main de *valeurs faites* représentant des opérations sérieuses, et payables à échéances fixes. Donc, cette banque ne paraît pas destinée à porter remède aux infortunes les plus pressantes.

Sans doute, nous ne sommes pas de ceux qui pensent qu'il ne faut faire crédit qu'aux hommes ayant déjà un avoir assez important. Nous espérons précisément montrer dans quelques instants que le crédit peut être obtenu par tous ceux qui ont fait même de très petites économies, et qui prouvent ainsi qu'ils ont su pratiquer la vertu de l'épargne, à un degré quelconque. Cela nous suffit.

Mais nous n'avons pas, au moins, à nous reprocher de faire des promesses dont le titre est plus séduisant que la réalité, en parlant de *crédit gratuit*.

Cette première observation, qui tend à montrer seulement que cette banque ne rendrait pas des services universels, n'est pas de nature, nous le reconnaissons, à démontrer l'impossibilité de l'organisation sérieuse de cette institution. Il faut faire un pas de plus, mais celui-ci décisif.

Voici l'objection capitale contre cette organisation. Pour que la banque puisse fournir des capitaux gratuitement, il faut d'abord qu'elle en possède. En général, les banques importantes n'en manquent point, parce que, prêtant des capitaux à 6 et même quelquefois à 9 0/0 pour 5 ou 6 mois, ce qui fait 12 ou 18 0/0 par an, elles peuvent donner facilement à leurs bailleurs de fonds des intérêts de 5 ou 6 0/0. Et cette rémunération, assurée quand la banque est dirigée avec intelligence et précaution, engage les capitalistes à y déposer leurs fonds.

Mais, à l'aide de quels moyens la banque de crédit gratuit, qui ne demande à ses emprunteurs qu'une toute petite somme représentant les frais d'administration et qui ne touche pas de profits, pourrait-elle remplir sa caisse pour prêter à ses clients? On ne saurait le comprendre. Il ne s'agit pas évidemment de faire main basse sur le capital actuel de la Banque de France. Ce serait un vol. On ne peut pas songer non plus à demander des fonds à l'Etat. Carl'Etat n'a d'autre fortune que celle qu'il puise dans les impôts ; et les contribuables seraient probablement fort peu disposés à payer des impôts qui seraient employés à supprimer la productivité de tous leurs capitaux par la concurrence de la banque fournissant le crédit pour rien.

Il y a donc là une impossibilité radicale de constituer la banque de crédit gratuit. Mais, supposons pour un moment que cette impossibilité ait disparu ; et voyons les résultats du fonctionnememt de l'institution.

Si cette banque prête le capital-argent pour rien ou presque rien, il est bien certain que personne ne sera plus assez niais pour continuer à payer le loyer d'une terre, d'une maison, d'une machine, etc. En effet, à l'aide du capital-argent livré par la banque, le fermier s'efforcera d'acheter la terre dont il payait le fermage, le locataire, la maison dont il payait le loyer, ainsi de suite, pour tous les autres capitaux. Et, comme il serait bien entendu que pendant tout le temps où l'on réaliserait par fractions l'achat de ces capitaux, on ne servirait pas l'intérêt de leur valeur, au bout d'un certain temps, tous les capitalistes, grands ou petits, verraient se tarir complètement la source de leurs revenus.

Or, qu'arriverait-il dans cette situation? Les capitalistes, obligés de vivre sur leurs capitaux et pouvant calculer le moment où ils n'auraient dans les mains qu'une valeur circonscrite, que nul intérêt ne viendrait plus grossir, réduiraient considérablement leurs dépenses. On ne pourrait pas le leur reprocher. Voulant faire honneur à leurs affaires, ils ne dépenseraient que ce qu'ils seraient à peu près sûrs de pouvoir payer. Puisque l'on consommerait beaucoup moins, c'est-à-dire puisque l'on restreindrait considérablement ses dépenses, une foule de produits demeureraient sans acheteurs. Et la consommation se restreignant considérablement, les producteurs, les travailleurs ralentiraient forcément leur production, car on ne produit que lorsqu'on est sûr ou à peu près sûr de vendre le fruit de son travail. De telle façon, que pour avoir secoué le joug si tyrannique, dit-on, du capital, on aurait découragé le travail, on en aurait supprimé une grande partie, en réduisant de beaucoup ses facilités d'emploi et de placement.

Cependant, ne triomphons pas trop vite : les

partisans de la banque d'échange savent répondre à cet ordre d'idées.

Qu'importe, nous disent-ils, que la production soit effectivement ralentie, le consommateur gagnera toujours à la suppression de l'intérêt du capital. En effet, ce qui hausse de beaucoup le prix de toutes choses, c'est que, outre les frais de salaire et de main-d'œuvre, ce prix comprend aussi l'intérêt de tous les capitaux : loyer des maisons, etc. Un objet qui ne devrait se vendre que 5 ou 6, parce que ce taux représente les salaires de l'ouvrier, se vend 10, parce que les capitalistes, dont les capitaux ont été engagés dans la production, réclament pour eux la différence. Mais ce dernier élément du prix disparaissant, le produit est à la portée de tout le monde, même à la portée du salarié, qui pourra racheter avec son salaire l'objet qu'il a produit, tandis que cela lui est souvent impossible maintenant. Si donc, l'ouvrier perd, comme producteur, parcequ'on lui commandera moins de travaux, il gagnera comme consommateur, puisqu'il pourra toujours racheter les produits de son industrie.

Tout cela se compensera, et le résultat définitif sera plus juste que lorsque le capital prélevait sa part. Les oisifs seuls y perdront, c'est-à-dire, ceux qui vivaient sans rien faire, et ils ne sont pas assez intéressants pour que l'on s'occupe d'eux.

Voilà la réponse à nos observations. On n'y peut pas répliquer d'un seul mot ; mais heureusement que la multiplicité des réfutations ne nuit pas à leur valeur intrinsèque.

D'abord, il est certain que tout homme produit plus qu'il ne consomme. C'est évident, car sans cela il n'y aurait jamais d'excédant de la production sur la consommation. On vivrait au jour le jour, et tout le travail d'aujourd'hui serait consommé le lendemain. Le fait seul de la persistance de la vie de l'humanité prouve que les hommes n'ont pas absorbé au jour le jour ce qu'ils avaient produit la veille. Donc, quand même il serait vrai de dire que ce que l'on perdrait comme producteur on le regagnerait comme consommateur, cette affirmation n'a rien de consolant, car la consommation que l'on ferait en plus ne pourrait jamais compenser la perte qui aurait lieu sur le terrain de la production. Produisant moins, mais consommant tout ce qu'on a produit, on y perdrait l'excédant que l'humanité a toujours conservé sous forme de capitaux, parce que leur possession était récompensée par la rémunération de l'intérêt.

Puis, est-il vrai de dire que l'intérêt et le profit des capitaux n'ont jamais servi qu'aux oisifs et que la suppression de la productivité du capital aurait un résultat juste, parce que tout le monde serait forcé de travailler ? Mais, combien de petits capitalistes qui travaillent de toutes leurs forces, malgré la possession d'un petit capital ? Depuis le domestique dont le mince avoir est placé à la caisse d'épargne, et qui est devenu ainsi un bien modeste rentier, jusqu'à l'industriel qui, sans avoir une fortune indépendante le dispensant du travail, a pu acheter l'outillage de son industrie ? La grande erreur commise par les hommes qui parquent leurs semblables dans ces deux classes de travailleurs et d'oisifs, de salariés et de capitalistes, c'est de penser que la possession de tout capital dispense du travail, et que le capitaliste est forcément un oisif. Ils ne savent donc pas voir que, pour un million placé dans une seule main, — et les millionnaires sont rares,— il y a une foule de millions éparpillés par petites fractions entre les mains d'une masse d'hommes dont la situation est peu brillante; et que, si l'on condamne la productivité du capital dans la main d'un véritable oisif, on la condamne aussi chez ceux qui joignent, à leur tout petit revenu de capitaliste, des ressources péniblement conquises par un travail quotidien.

Mais il est une autre conséquence que l'on n'a pas su voir, non plus. Que l'on veuille bien nous dire, si l'on condamne avec un rigorisme inflexible l'oisiveté dans toutes les situations, comment on pourra tolérer l'oisiveté de l'enfant, de l'infirme, du malade, ou du vieillard ? Car enfin, l'on ne saurait faire d'exception, et si le capital, productif de revenus, est condamné radicalement, nul n'a le droit de songer à se créer un revenu pour sa vieillesse, ou à accumuler un capital productif pour nourrir et élever des enfants qui ne peuvent pas encore travailler.

Ils sont, du reste, incalculables comme nombre et comme importance, les résultats qu'entraînerait le défaut absolu de rémunération du capital et l'admission de ce principe, que le prix des choses ne devrait jamais se composer que du montant des salaires et de la main d'œuvre.

Marchand d'une denrée quelconque, mais ne l'ayant pas produite vous-même, il ne vous servira de rien que vous vous soyez donné des soins pour la faire venir du lieu de production au lieu où elle doit se consommer. La prévoyance que vous avez montrée, les risques que vous avez courus, les avances que vous avez faites pour attendre l'acquéreur avant qu'il ne vienne dans votre magasin, le service, enfin, que vous avez rendu aux consommateurs en leur épargnant le temps qu'ils auraient été obligés de dépenser pour courir après le produit dont ils avaient besoin ; tout cela est inutile et ne doit pas être compté. Ce n'est pas du travail de production proprement dit. C'est uniquement l'emploi de capitaux matériels, sous toutes les formes, ou immatériels, tels que l'intelligence et les calculs de la prévoyance. Et l'on sait que rien de toutes ces choses ne doit être rémunéré.

Mais alors, qui songera jamais à travailler de façon à obtenir un surcroit de production sur la consommation journalière? Pourquoi le cultivateur chercherait-il à employer des méthodes plus intelligentes et plus productives? Pourquoi l'industriel essaierait-il des combinaisons nouvelles, tâcherait-il de l'emporter par des moyens, honnêtes mais actifs, sur ses concurrents ? Pour se constituer un capital ? Pour se créer des réserves? Mais à quoi cela lui servira-t-il ? Aucune récompense ne peut être promise à ses efforts.

Et croit-on que le mal se bornerait au terrain de la production matérielle ? Il serait déjà immense, sans doute; mais l'inventaire de nos misères serait loin de s'arrêter là.

Dans le champ de la production intellectuelle, le découragement ne serait pas moins considérable. Sans doute, les grands penseurs, les artistes éminents et les poètes les plus admirés songent, avant tout, à la gloire et à la postérité, quand ils enfantent des œuvres durables. Mais n'ont-ils pas le droit aussi de se préoccuper de leurs intérêts ? Et leur est-il défendu de songer au repos garanti par la possession d'un capital et la jouissance de son revenu ? Non, évidemment. Et, s'ils ne peuvent plus espérer de pouvoir économiser pour vivre, à un moment donné, sans travail, n'arrêteront-ils pas leurs efforts ?

Il y a au fond de toutes ces doctrines que nous combattons une erreur qui est toujours la même. Ceux qui les suivent et les propagent sont animés d'une vive préoccupation pour les misères souvent si douloureuses du travailleur manuel. Mais pourquoi, afin d'améliorer la situation du salarié, recommandent-ils l'emploi de moyens qui appauvriraient l'humanité tout entière ? Ils ne savent pas voir ce résultat de leurs idées ; notre devoir était de le mettre en lumière.

III

### Le Mutuellisme.

Le système qui porte le nom assez récent de *mutuellisme*, est ainsi nommé parce qu'il est fondé sur

5

cette idée, que les services et les travaux de tous les hommes doivent s'échanger *mutuellement*, sans que jamais un des membres de la société soit plus payé que l'autre. Dans les congrès de Lausanne, de Berne et de Bruxelles, la doctrine du mutuellisme a eu généralement pour formule l'expression suivante : *l'équivalence des fonctions.*

Naturellement, dès que l'on entend pareille émission d'idées, l'on se récrie bien fort. Comment ! la différence d'intelligence, la différence d'activité n'en introduira aucune dans les récompenses, dans les paiements de travaux. L'homme peu diligent sera rémunéré de la même façon que l'homme très actif.

Parfaitement, nous répondent imperturbablement les mutuellistes. Les services s'échangent contre les services, les produits contre les produits ; s'ils s'é-changent, ils doivent être égaux ; et aucun homme, n'a le droit de réclamer de son semblable une ré-munération plus forte que son voisin. L'intelli-gence plus ou moins développée, mise au service d'un travail, l'emploi de moyens nouveaux et scien-tifiques, rien ne doit changer les éléments de cette justice distributive qui ne s'accommode que de l'équivalence des fonctions.

Quand c'est un interlocuteur, dissertant oralement, dans les paroles duquel on trouve l'émission de tels paradoxes, on croit rêver. Il vous semble que jamais pareilles doctrines n'ont été soutenues sérieusement, ni surtout présentées comme le résultat d'une étude. Mais que l'on se détrompe. Elles ont été défendues par Proudhon et imprimées par lui, avec une *imperturbabilité* qui vous donne le vertige. Il faut citer textuellement.

« En tant qu'associés, les travailleurs sont *égaux*,
» et il implique contradiction que l'un soit payé
» plus que l'autre : car le produit d'un travailleur
» ne peut être payé qu'avec le produit d'un autre
» travailleur.

» Supposons que la tâche sociale journalière,
» évaluée en labour, sarclage, moisson, etc., soit de
» deux décamètres carrés, et que la moyenne de
» temps nécessaire pour s'en acquitter, soit de sept
» heures : tel travailleur aura fini en six heures, tel
» autre en huit heures seulement ; le plus grand
» nombre en emploiera sept ; mais pourvu que chacun fournisse la quantité de travail demandée,
» quelque soit le temps qu'il y emploie, il a droit
» à l'égalité de salaire.

« *Le travailleur capable de fournir sa tâche en six*
» *heures aura-t-il le droit, sous prétexte de sa force et de*
» *son activité plus grande, d'usurper la tâche du tra-*

» vailleur le moins habile, et de lui ravir ainsi le tra-
» vail et le pain ? qui oserait le soutenir ? Que celui
» qui finit avant les autres se repose, s'il veut ;
» qu'il se livre, pour l'entretien de ses forces et la
» culture de son esprit, pour l'agrément de sa vie,
» à des exercices et à des travaux utiles, il le peut,
» sans nuire à personne : mais qu'il garde ses
» services intéressés. La vigueur, le génie, l'intel-
» ligence et tous les avantages personnels qui en
» résultent, sont le fait de la nature et, jusqu'à un
» certain point, de l'individu ; la société en fait
» l'estime qu'ils méritent ; mais le loyer qu'elle
» leur accorde est proportionné, non à ce qu'ils
» peuvent, mais à ce qu'ils produisent, et le
» produit de chacun est limité par le droit de
» tous. » (1)

Ah ! c'est trop fort ! Parceque les travailleurs sont *égaux* en droits, il faut qu'ils soient payés *également !*

Dans une société civile ou commerciale, les associés sont égaux, en ce sens qu'ils ont tous et chacun
leur voix dans la gestion des affaires sociales : ils
sont égaux en droits ; c'est très bien. Mais, est-ce
une raison pour que, si l'un met dans la société,
par son énergie toujours puissante, son activité

______

(1) *Qu'est-ce que la Propriété ?* p. 104 et 105. Edit. de 1843.

toujours en éveil, des valeurs nouvelles pour 100 et qu'un autre n'en apporte que pour 10, il faille les payer également ! Mais c'est odieux. Et je suis sûr que Proudhon lui même se serait révolté. Dans les dernières années de sa vie, il occupait, avec sa forte et vive intelligence, l'emploi de chef du contentieux d'un chemin de fer, celui de Paris à Lyon, si je ne me trompe. Je serais curieux de savoir s'il refusait comme traitement personnel tout ce qui dépassait celui des simples expéditionnaires de son bureau, ou s'il avait obtenu, pour être logique, que ces expéditionnaires vissent monter leur traitement au même taux que le sien. S'il n'a pas agi ainsi, il a menti à toutes ses doctrines, et nous aurions le droit de ne pas lui faire l'honneur d'une discussion. Mais nous l'ignorons, et nous poursuivons.

Sans doute, les travaux s'échangent contre les travaux, et les services d'un travailleur se paient avec les services d'un autre. L'emploi de l'argent, comme instrument d'échange, masque un peu cette vérité, parce que tous les produits s'évaluent en une certaine quantité de numéraire. Cependant, au fond, quand on y réfléchit, l'on voit bien que le tailleur échange les habits qu'il fait contre tous les autres produits dont il a besoin pour alimenter sa vie : pain, vin, abri occupé dans une maison, matières premières de son industrie, etc., etc.; que le laboureur échange son blé contre tous les produits qu'il vient surtout acheter à la ville : vêtements, chaussures, etc. Seulement, en fait, les produits du travail de tous s'échangent contre de l'argent, et puis, avec cet argent, on achète d'autres produits. L'argent sert de véhicule général à toutes les productions, de trait d'union entre toutes les valeurs.

Mais cela ne veut pas dire, du tout, que le produit du travail de l'un doive être exactement payé *tout entier* par le produit du travail d'un autre. Les échanges ne se font pas toujours *but à but*, c'est-à-dire, dix contre dix, cent contre cent; mais ils s'accomplissent souvent avec ce que nous appelons, dans le langage des affaires, des *soultes ou retours*, qui compensent les inégalités des choses échangées.

Voilà où est l'erreur commise ; et le paradoxe doit s'évanouir quand on le discute au grand jour. La Société est évidemment une espèce de grand atelier où tout le monde échange réciproquement ses services et ses travaux. Mais il arrive souvent que le produit de deux journées s'échange contre le produit d'une journée, celui d'un mois de travail contre quelquefois six mois d'un autre travail. Cela dépend de la rareté, de l'importance, de la nature du produit et des efforts qu'il a coûtés. Telle est, à fois, la vérité des faits et leur justification. Est-ce que le temps seul peut servir à mesurer l'importance du travail ?

Mais si Proudhon et ses adeptes ont mal vu et mal décrit le mécanisme de l'échange, tel qu'il se produit dans la Société, comment leur bon sens n'a-t-il pas reculé devant cette affirmation : que c'est le travailleur le plus habile, celui qui travaille le plus vite, qui *vole* le travailleur le moins habile, lui ravit son travail et son pain, et qu'il faut empêcher ce résultat ?

Comment ! on vole la Société, on exploite son semblable, parce qu'on use de ses facultés naturelles, parce qu'on les a développées par des efforts constants ou par l'étude ! On apporte à la Société une œuvre mieux réussie que ne le saurait faire un autre, on économise le temps, on produit plus vite, on satisfait rapidement les besoins de ses semblables, et on les a volés ! Et, pour tâcher de réparer l'injustice que produit votre activité, vous ne serez rémunéré que sur le taux à payer à l'homme le moins diligent, le moins intelligent, tranchons le mot, le plus *crétin* de la société. On dira au cheval le plus vigoureux, et qui rend le plus de services par sa vigueur : prenez garde ; il y a, dans le monde, une tortue qui va lentement, mais elle fait ce qu'elle peut. Et quelle que soit la valeur que produise dans une journée ce valeureux cheval, il devra être payé comme la tortue, et sur le taux de ce qu'elle a produit.

Mais c'est la tortue alors qui vole le cheval ! Mais c'est le paresseux qui vole l'homme zélé !°Mais c'est le crétin qui vole l'homme de génie ! Est-ce que Pascal et Newton ont pillé l'humanité, eux, parce qu'ils ont gagné peut être quelquefois un peu plus, dans une journée, que le plus stupide goîtreux des montagnes, occupé à casser des pierres sur la route?

Voilà le système ; et c'est là ce qu'on appelle une Société organisée ! Mais c'est une entreprise d'émasculation de toutes les forces, c'est un hôpital infect, où l'on châtre toutes les virilités que l'on force à s'incliner bêtement devant toutes les impuissances.

On donne à cela le nom de *mutualité*, de *mutuellisme*, ce qui suppose un échange réciproque d'efforts et d'activité.

Le mot est mal choisi.

Dites donc aplatissement du fort par le faible, de l'intelligent par l'ignorant, de l'homme actif et vigoureux par le paresseux. Toutes ces expressions sont rudes, je le reconnais, mais peut-on garder son sang-froid en face d'un pareil abîme, de monstruosités ?

## IV

### *Le Collectivisme.*

Le collectivisme a l'avantage d'être précisé un peu plus nettement que les deux systèmes précédents.

Le mot, d'abord, est plus clair ; et puis, dans le congrès de Bruxelles, de 1868, on a arrêté des formules spéciales qui tendent à le définir. En réalité, c'est un communisme mitigé qui veut arriver à la possession des capitaux par l'Etat, par la Société, c'est-à-dire par la puissance collective. Les adeptes de cette doctrine pensent que c'est le seul moyen d'organiser la production suivant les règles de la justice.

Quant à la consommation des produits, ils la laissent se faire individuellement, suivant la volonté de chacun, et sans imposer ni conseiller une communauté de vie, que le communisme complet estime, au contraire, être utile au bonheur de l'humanité.

5.

Nous avons, du reste, la bonne fortune de rencontrer l'expression la plus exacte du *collectivisme* dans les procès-verbaux du congrès de Bruxelles. Laissons-les parler. A la séance du 11 septembre 1868, une commission composée de sept membres, parmi lesquels on comptait M. Tolain, actuellement député de Paris, à l'Assemblée nationale, a posé, dans des termes que nous allons reproduire, la doctrine connue sous cette dénomination.

I. — Relativement aux mines, houillères et chemins de fer :

— « — Considérant que ces grands instruments de travail sont fixés au sol, et occupent une notable partie du sol, qui est le domaine *fourni gratuitement* à l'humanité ;

« — Considérant que ces grands instruments de
» travail exigent nécessairement l'application des
» machines et de la *force collective*;

« — Considérant que les machines et la force
» collective qui existent aujourd'hui pour *l'unique*
» avantage du capitaliste doivent, à l'avenir, profiter
» *uniquement* au travailleur, et que, pour cela, il
» faut que toute industrie où ces deux forces écono-
» miques sont indispensables, soit exercée par des
» groupes affranchis du salariat;

« Le Congrès propose :

» 1° Que les carrières, houillères et autres
» mines, ainsi que les chemins de fer, dans une
» société normale, appartiennent à la *collectivité*
» *sociale*, représentée par l'Etat, mais par l'Etat
» régénéré et soumis lui-même à la loi de justice.

» 2° Que les carrières, houillères, chemins de
» fer soient concédés par la Société, non à des com-
» pagnies de capitalistes comme aujourd'hui, mais
» à des compagnies ouvrières, et moyennant un
» double contrat : l'un, donnant l'investiture à la
» compagnie ouvrière et garantissant à la Société
» l'exploitation *scientifique* et rationnelle de la con-
» cession, les services *au plus proche* du prix de
» revient, le droit de vérifier les comptes de la
» compagnie, et par conséquent l'impossibilité de
» la reconstitution du monopole; l'autre, garantis-
» sant les droits mutuels de chaque membre de
» l'association ouvrière vis-à-vis de ses collègues. »

Déjà la doctrine du collectivisme se dessine assez
bien. Mais, outre cette propriété exceptionnelle des
mines et des chemins de fer, il y a la grande propriété
agricole; et c'est surtout relativement à elle qu'il faut
voir le système à l'œuvre. On comprend qu'en
Belgique, dans une région couverte de mines, la
préoccupation se soit portée tout de suite sur cette

nature de richesses. En France, l'ordre des idées eut été renversé.

Voici le tour de la propriété agricole.

« — Considérant que les nécessités de la produc-
» tion et l'application des connaissances agronomi-
» ques, réclamant une culture faite en grand et avec
» ensemble, exigent l'introduction des machines et
» l'organisation de la force collective dans l'agricul-
» ture, et que, d'ailleurs, l'évolution économique
» elle-même tend à ramener la culture en grand ;

« — Considérant, dès-lors, que le travail agri-
» cole et la propriété du sol doivent être traités
» sur le même pied que le travail minier et la pro-
» priété du sol minier ;

« — Considérant, du reste, que le fonds produc-
» tif du sol est la matière première de tous les pro-
» duits, la source primitive de toutes les richesses,
» sans être lui-même le produit du travail d'aucun
» particulier ;

» Le Congrès pense que l'évolution économique
» fera, de l'entrée du sol arable à la propriété col-
» lective, une nécessité sociale, et que le sol sera
» concédé aux compagnies agricoles, comme les
» mines aux compagnies minières, les chemins de
» fer aux compagnies ouvrières, et ce, avec des

» conditions de garantie pour la Société et pour les
» cultivateurs, analogues à celles nécessaires pour
» les mines et les chemins de fer.

Il ne faut pas se dissimuler que cette doctrine a rencontré là une expression qui lui donne, en apparence, un tour scientifique ; mais la rectitude apparente de la forme est loin de voiler complètement toutes les erreurs de fond quelle essaie de cacher.

Et d'abord, il est une préoccupation qui saisit le lecteur. Comment procédera-t-on pour que *l'évolution économique* mette dans les mains de l'Etat la propriété agricole et celle des mines ? Est-ce qu'on remboursera les propriétaires actuels ? Si on ne le fait pas, c'est un vol, et on ne discute plus avec des voleurs. Malheureusement, tout semble indiquer que l'on ne voudrait pas faire de remboursement. Car, l'on dit qu'il faut garantir à l'Etat, à la Société, des services rendus par les compagnies ouvrières *au plus proche prix de revient*, ce qui équivaut à dire, dans la pensée des abolitionistes du capital, que l'on ne paiera que le prix du travail et de la main d'œuvre qui forme ce prix de revient. Si, au contraire, on devait rembourser aux propriétaires ou aux concessionnaires actuels le montant de leurs propriétés ou de leurs concessions, le passif de la compagnie ouvrière serait grevé de cette somme à rembourser.

ou tout au moins des intérêts à servir aux propriétaires dont le droit persisterait ; et l'on ne pourrait pas maintenir les choses au seul prix de revient proprement dit.

. La partie des motifs des résolutions du congrès, qui touche à la propriété agricole, résiste encore davantage à l'hypothèse d'un remboursement accordé aux propriétaires du sol arable. On y dit effectivement « que le sol sera *concédé* aux compagnies » agricoles comme les mines aux compagnies miniè- » res et ce, avec des conditions de garanties, pour » la Société et pour les cultivateurs, analogues à » celles nécessaires pour les mines et les chemins » de fer. » Or, le mot de *concession* ne veut pas dire toujours *vente*, tant s'en faut.

Et puis, si les anciens propriétaires devaient être remboursés, est-ce qu'on n'aurait pas dit un mot des garanties qui leur seraient données, pour que le remboursement fût assuré? Or, on ne parle que de celles à donner aux cultivateurs ; et il faudrait supposer, pour que l'hypothèse du remboursement soit comprise dans les termes que nous examinons, que les cultivateurs sont précisément les anciens propriétaires, et qu'ils deviennent, pour ainsi dire, les actionnaires de la compagnie à laquelle l'Etat aurait concédé leurs terres.

D'ailleurs, enfin, pour être exact, il faut reconnaître que les rédacteurs des résolutions du congrès admettent que le sol a été fourni *gratuitement à l'humamanité*; et il est problable que dans leur pensée, ce qui est fourni gratuitement aux hommes peut leur être enlevé sans rien payer. Dans ce cas là, comme je le disais, il n'y a qu'un instant, on se demande, si l'on doit faire l'honneur d'une discussion à des hommes qui cachent sous les mots pacifiques *d'évolution économique* la doctrine de *l'expropriation* pour cause *d'utilité collective*, sans indemnité.

Mais, à tout prendre, les adeptes de ces idées sont peut-être de bonne foi. Le calme avec lequel ils posent leurs affirmations en parait être une preuve; tâchons de les convaincre qu'ils sont dans l'erreur.

Ils disent que le sol est fourni *gratuitement* à l'homme. Et ils ajoutent que le fonds *productif* du sol est la source primitive de toutes les richesses, sans être lui même le produit du travail d'aucun particulier. Mais de quel sol veulent-ils parler? Est-ce du sol couvert de ronces ou de marais, sur lequel l'homme fut jeté nu autrefois? Ou bien du sol assaini, remué, labouré, cultivé, transformé, que nous trouvons dans les régions civilisées? Toute la difficulté est là.

Sans doute, à l'origine, quand les hommes étaient peu nombreux, et quand le sol avait une étendue

presque illimitée, relativement au petit nombre
d'habitans, la terre pouvait se conquérir sans la
payer. La posséder était une charge. L'assainir était
un dur labeur. Elle n'avait pas de valeur échangea-
ble. Mais, maintenant, après les travaux nombreux
dépensés sur le sol, depuis que des capitaux immen-
ses s'y sont incorporés, est-ce qu'on peut soutenir
que la terre *productive*, — le mot y est, — n'est
plus qu'une valeur gratuitement donnée, dont
l'homme peut être dépouillé gratuitement? Il y a là
une erreur de date trop grossière, et que l'étude la
plus superficielle de l'histoire doit servir à renverser.

C'est aussi l'observation des faits qui manque à
ces hommes qui viennent dire que les machines
n'existent aujourd'hui que pour l'*unique* avantage du
capitaliste. Est-ce qu'il n'est pas élémentaire que les
machines diminuent le prix de revient des objets?
Qu'une paire de bas tricotés coûte plus cher qu'une
paire de bas faite au métier? Que, par conséquent,
quand même les salaires du travailleur ne hausse-
raient pas nominalement avec l'emploi des machines,
ils s'élèvent *réellement*, parce que, avec le même
chiffre, on peut acheter plus de produits qu'auparavant. Mais l'on sait bien que ce n'est pas là le seul
résultat produit par l'emploi des machines. Les salaires haussent même réellement, et nous en avons

donné plus haut, comme exemple, l'élévation de leur taux moyen, dans la filature, après l'invention de la machine Arkwright.

Il est donc bien faux de dire que les machines n'existent aujourd'hui, que pour l'*unique* avantage du capitaliste.

Mais quand même cela serait vrai, est-ce une raison de mettre tout sens dessus dessous, et pour soutenir, qu'à l'avenir, les machines doivent *uniquement* profiter au travailleur? Est-ce que le travailleur qui use de la machine, l'a inventée, l'a préparée, l'a achetée? Et, en vertu de quel principe, peut-on exproprier, sans indemnité, pour enrichir le travailleur, toutes ces personnes qui ont inventé, préparé, et acheté?

Oh ! sans doute, une doctrine pareille est commode pour le travailleur, en ce sens que le collectivisme veut mettre à sa disposition, sans bourse délier, toute espèce d'instruments de travail, quelle que soit leur importance. Mais de quel droit viendrez-vous reprocher aux capitalistes d'exploiter le travailleur, si vous ne trouvez pas d'autre moyen, pour faire cesser cette exploitation, que de dépouiller le capitaliste, et d'organiser ainsi l'exploitation la plus brutale du capitaliste par le travailleur?

Êtes-vous bien sûr, d'ailleurs, d'avoir conseillé

l'accomplissement d'un véritable progrès, en préconisant la possession par l'Etat des instruments de travail les plus importants? Autrefois, à l'origine de l'humanité, cette possession collective existait; et elle a disparu à mesure que la civilisation a conquis le monde. Retourner en arrière, est-ce là le lot de l'humanité?

Et si l'on a divorcé avec cette organisation de la richesse, qui la plaçait en dehors de l'appropriation individuelle et la remettait entre les mains de la communauté, n'est-ce pas précisément parce que l'on a compris que les facultés productrices étaient bien plus actives, quand l'individu possédait exclusivement les instruments de travail?

Proudhon, dans tous les cas, l'a pensé et l'a exprimé avec une énergie peu commune. Et c'est une vraie bonne fortune que de le trouver ici pour allié. Voici, en effet, comment il s'exprime dans *ses Œuvres posthumes :*

« La puissance de l'Etat est une puissance de
» concentration; donnez-lui l'essor, et toute indi-
» vidualité disparaîtra bientôt, absorbée dans la *col-*
» *lectivité.* La *propriété,* au rebours, est une puis-
» sance de décentralisation..... Transportée dans
» une société politique, elle devient aussitôt *répu-*
» *publicaine* (1).

(1) *Œuvres posthumes.* Théorie de la Propriété, p. 144-145.

» ... Notre espèce s'est élevée du régime infé-
» rieur de l'*association* patriarchale et de l'*indivision*
» terrienne, à la haute civilisation de la *propriété*,
» *civilisation*, à laquelle nul ne peut avoir été initié,
» et vouloir après rebrousser chemin !» (1)

Est-clair ? Et la conquête de la propriété collective
est-elle un progrès ? Voilà ce qu'en pense Proudhon,
dont la parole est cependant un oracle pour les
*mutuellistes* et les partisans du *crédit gratuit*.

Nous ne pouvions pas rencontrer un meilleur
défenseur contre les collectivistes.

*Crédit gratuit, mutuellisme, collectivisme ;* — telles
sont les doctrines qui ont, à l'heure qu'il est, le
plus de faveur auprès des ouvriers qui pensent et
qui méditent sur les problèmes sociaux. La société
*l'Internationale* les propage, et renferme dans son
sein les plus énergiques de ses adeptes. Or, cette
société, dont les ramifications occultes s'étendent très
loin, est une vraie force, elle a même la puissance de
l'argent. Son budget est considérable. Et l'on s'en
aperçoit bien quand les grèves s'organisent, et que
des secours leur sont distribués par elle pour faire
vivre les ouvriers, en temps de chômage.

On ne peut donc pas me reprocher de m'être escrimé

_____
(1) *OEuvres posthumes.* p. 161.

contre des chimères sans consistance. Le danger est là. C'est là aussi que, dans l'intérêt, non pas seulement des personnes des capitalistes, mais dans l'intérêt de la justice, de la vérité, des principes conformes à la nature des choses, il faut porter son effort.

Il ne suffit pas, cependant, d'avoir combattu l'erreur. Et, quand on est d'avis, comme moi, que *tout ne va pas pour le mieux dans le meilleur des mondes*, c'est ici que commence le devoir d'exposer les remèdes qui sont justes, approuvés par le bon sens, et qui peuvent guérir ou atténuer les infortunes et les misères que la paresse n'a pas engendrées, mais que l'homme laborieux peut subir trop souvent.

C'est ce que nous allons faire dans un dernier chapitre.

# CHAPITRE VII

## Moyens rationnels d'améliorer la situation des travailleurs.

Tous les moyens qui tendent à ce but et que nous avons examinés jusqu'à présent, nous les avons repoussés pour des motifs précis et qu'il est bon de rappeler.

Les uns violent ouvertement la liberté des conventions, et suppriment le libre arbitre des travailleurs; les autres ne respectent pas la propriété individuelle, et songent même à la supprimer entièrement; presque tous ne tiennent aucun compte des droits du capital, et ne veulent pas entendre parler de la ré-

munération que nous croyons fermement lui être
dûe.

Ces critiques diverses indiquent naturellement
quelles sont les conditions auxquelles doivent répondre les moyens, que nous appelons rationnels,
d'améliorer la situation du salarié. Pour nous, il
faut :

1° Qu'ils ne gênent en rien la liberté de personne,
ce qui, dans notre esprit, veut dire que la loi elle-
même n'a pas à intervenir, à moins qu'elle ne le fasse
précisement pour supprimer des entraves à la liberté des gens ;

2° Que la propriété individuelle soit toujours
garantie et respectée ;

3° Que le capital soit apprécié comme un des éléments importants de la production ;

4° Qu'un *intérêt*, un *profit*, une rémunération quelconque, librement débattus entre les parties contrac-
tantes, puissent toujours lui être payés.

Et maintenant, avant d'indiquer ce que nous
croyons être des remèdes aux malheurs des salariés, précisons exactement leurs plaintes.

Les uns, sans protester radicalement contre leur
position de salariés, estiment que le taux de leurs
salaires est trop bas. C'est là le cri qui retentit dans
toutes les grèves d'ouvriers.

Les autres, sans songer à supprimer le salariat, demandent à être associés aux bénéfices de l'entreprise qui leur paie le salaire. Ils pensent que la part que se taille le capital dans la valeur du produit est trop grande, et, en dehors de leur salaire, ils voudraient quelque chose de plus.

Les derniers, enfin, veulent divorcer complètement avec le salariat. Ils pensent que ce mode de rémunération a fait son temps, qu'il constitue simplement un adoucissement de l'ancien servage, qui n'était lui-même que l'adoucissement de l'antique esclavage, et qu'il doit disparaître comme ses deux prédécesseurs. Ils ne veulent plus être salariés, et ils tiennent à participer à la direction des travaux auxquels ils coopèrent.

Il nous semble qu'à ces trois sortes de plaintes correspondent naturellement trois sortes de remèdes.

Aux premières, nous offrons l'établissement de *Chambres syndicales* destinées à résoudre les difficultés dont les grèves constituent l'expression aiguë.

Aux secondes, nous recommandons l'organisation, déjà en exercice dans plusieurs pays et dans plusieurs industries, de *l'association des ouvriers aux bénéfices.*

Enfin, la constitution de *Sociétés coopératives*, où chacun est à la fois patron et salarié, nous paraît devoir contenter toutes les exigences raisonnables.

Seulement, pour être exact, empressons-nous de dire que les deux premiers moyens sont à nos yeux plutôt de simples palliatifs que de véritables remèdes sociaux. Le dernier seul a la valeur d'une médication topique.

II

*Organisation de Chambres syndicales.*

Toutes les fois qu'une grève se produit, les réclamations des ouvriers se traduisent par une demande d'augmentation de salaire. Ils y ajoutent aussi assez souvent une demande de réduction des heures de travail, quelquefois aussi de révision des tarifs d'après les indications desquels certains labeurs sont payés à la tâche. Mais, généralement, la grève constituant un état violent, n'est pas de très longue durée, et se termine le plus souvent par des concessions réciproques.

En fait donc, après du temps perdu, un arrêt plus ou moins considérable dans la production, on se remet au travail ; mais hélas ! le plus souvent, des violences de langage ou d'action ont été échangées pendant la grève. Les ouvriers qui tenaient à rentrer à l'atelier ont été quelquefois menacés, tout au moins, dans leur liberté, par des camarades qui ne voulaient pas entendre parler de transaction. Les patrons, à coup-sûr, n'ont pas toujours été ménagés non plus. De telle façon, que lorsque la paix se signe, il reste, comme souvenir de la lutte qui vient de cesser, des aigreurs et des ressentiments dont on ne saurait mesurer exactement ni la durée ni les effets, mais qui sont évidemment pernicieux à la cause du travail.

Et cependant, il est certain que la faculté de se mettre en grève, c'est-à-dire le droit de refuser de continuer à travailler dans des conditions spéciales, est un droit naturel et respectable. Si un homme tout seul a ce droit-là, cent, deux cent, mille l'ont également.

Seulement, il faut dans son application respecter deux choses : les conventions antérieurement faites avec le patron, et la liberté des autres ouvriers. Ainsi, il est souverainement injuste qu'un patron qui a contracté des engagements, qui a entrepris une campagne de travail, quand le salaire était à un taux déterminé, voie toutes ses combi-

6

naisons modifiées par une augmentation forcée de salaires qu'il n'avait pas prévue. L'ouvrier, avant de se mettre en grève, devrait pouvoir être condamné à parfaire l'ouvrage commencé. D'autre part, il est certain que l'ouvrier qui quitte l'atelier doit être rigoureusement puni par la loi pénale, s'il se permet d'exercer une violence quelconque, morale ou matérielle, sur celui de ses camarades qui, moins besogneux ou plus coulant sur les conditions du travail, veut reprendre ses occupations.

On le voit donc, nous n'avons contre les grèves aucune objection tirée du droit ou de la justice. Nous ne pouvons pas les trouver injustes, quand elles ne violent pas les deux conditions que nous venons d'indiquer.

Il est même des cas où elles peuvent être considérées comme une protestation rationnelle contre le maintien de tarifs de salaires, que la coutume seule laisse en vigueur et qui ne correspondent plus aux conditions nouvelles dans lesquelles s'exerce la production. On cite, notamment, à Paris, celui des imprimeurs qui est demeuré le même depuis 1841, malgré les modifications qui ont eu lieu, depuis ce moment-là, dans le régime des travaux d'impression. Si malheureusement, à un moment donné, les patrons résistaient à des demandes raisonnables de changements à apporter à ce tarif, il semble qu'il n'y aurait pas d'autre ressource que de déserter l'atelier en masse pour pouvoir obtenir de justes concessions.

Mais ce ne peut être là qu'un moyen à employer à la dernière extrémité, quand tous les essais de conciliation n'ont pu aboutir. On ne saurait dire combien de ruines une grève accumule autour d'elle : la famille du gréviste est appauvrie, le gréviste s'est déshabitué du travail, le travail aura pris quelquefois une autre direction, les patrons se seront ingéniés à remplacer leurs ouvriers qu'ils appellent des récalcitrants, etc., etc.

La recherche d'une organisation destinée à prévenir, autant que possible, toutes ces misères, s'impose donc à l'esprit.

Nous estimons que la constitution permanente de certains tribunaux arbitraux choisis par les parties intéressées, serait de nature à produire d'excellents résultats. C'est ce que nous appelons les *chambres syndicales*, qu'il serait bon de constituer dans chaque industrie, et qui seraient chargées d'examiner, avec le plus grand soin, les différends s'élevant entre les patrons et les ouvriers.

Nous n'avons pas besoin que le législateur intervienne pour établir ces espèces de juridictions conciliatrices ; nous disons seulement qu'il en faut conseiller la création dans toutes les industries.

Les ouvriers et les patrons nommeraient des délégués, qui seraient, pour ainsi dire, leurs procureurs fondés, et qui fonctionneraient surtout toutes les fois qu'une grève serait sur le point d'éclater. Ces délégués auraient une véritable influence morale, car ils connaîtraient, dans tous leurs détails, les questions techniques de métier qu'une grève peut soulever. Quand il est arrivé quelquefois que les tribunaux ordinaires avaient à juger un fait de coalition, accompagné ou non de violences, les condamnés ne manquaient jamais de proclamer que les membres de ces juridictions n'entendaient rien aux problèmes de l'atelier et que leurs juges avaient été d'une incompétence radicale. Ici, pareil reproche serait impossible.

Mais il faudrait assurer à ces chambres syndicales le respect de leurs décisions. Pour cela, il devrait être entendu et admis, en entrant dans un atelier, que l'on se soumettra aux décisions de ces juridictions.

Nous ne sommes pas assez heureux pour pouvoir préciser quelques résultats avantageux produits en France par l'intervention de tribunaux arbitraux de cette nature. Mais nous en pouvons citer pour l'Angleterre ; et l'exemple est peut-être plus concluant. L'on sait, en effet, combien les grèves y ont de puissance. Les *trades-unions* y sont nombreuses et très bien organisées, et l'on n'ignore pas qu'elles ne reculent même pas devant le sang à verser. On a gardé le souvenir des meurtres commis à Sheffield, soit en 1859, soit en 1866, sur des ouvriers qui n'avaient pas voulu déférer aux injonctions de leurs camarades grévistes. Si donc, dans un pays où la lutte des salariés contre les patrons a de telles ardeurs et de telles violences, l'intervention des arbitres a souvent été efficace, que n'en pourrait-on pas espérer en France, où les mœurs semblent ne pas avoir ordinairement cette âpreté?

L'on connaît, par exemple, la part d'influence très grande, qu'obtint une commission composée d'ouvriers et de patrons, dans une grève des charpentiers de Wolverhampton, en 1864. C'était le juge du comté de Worcester, M. Kettle, qui présidait cette commission. Le taux des salaires, quand il y avait des réclamations, soit du côté des patrons, soit du côté des ouvriers, était fixé par elle pour un an; et les décisions de cette juridiction furent toujours respectées. L'autorité de M. Kettle devint même tellement grande, qu'on l'appela à former d'autres conseils de la même nature, notamment à Coventry; et là, il se produisit un fait assez original. La commission arbitrale se partagea également sur la fixation du taux des salaires ; ce fut à M. Kettle de la départager. Il se prononça en faveur des demandes des ouvriers ; et les patrons acceptèrent sa décision, sans murmurer.

Cet exemple, que nous empruntons au livre des *Associations ouvrières en Angleterre (Trades-Unions)* (1), n'est pas le seul qui s'y trouve mentionné. L'industrie de la bonneterie, à Nottingham, et celle des houillères, à Normanton, ont eu plus d'une fois à subir des arrêts de travail ; et là aussi, les décisions des arbitres ont mis fin à toutes les difficultés.

C'est donc une idée à étudier et à propager.

Nous émettrions même, pour la constitution de ces commissions arbitrales, l'indication d'un moyen que nous n'avons vu exposé nulle part, et qui nous paraît cependant assez pratique. Ce serait de faire nommer les délégués des patrons par les ouvriers et les délégués des ouvriers par les patrons. Par ce moyen-là, on serait sûr d'avoir des commissaires qui seraient près de s'entendre, parce qu'ils n'auraient pas été nommés comme des représentants à outrance d'intérêts hostiles. Les patrons choisiraient probablement les ouvriers les moins récalcitrants, et les ouvriers nommeraient les patrons

_______

(1) *Associations ouvrières en Angleterre (Trades Unions)*, par M. le comte de Paris, p. 272.

qui ne se seraient pas montrés leurs contradicteurs irréconciliables. Tandis qu'en faisant nommer à chaque groupe d'intéressés, des délégués spéciaux, il est à craindre que les mandataires des intérêts opposés n'en soient l'expression la plus vivement accusée et la plus éloignée de la conciliation.

## II

### *Participation de l'ouvrier aux bénéfices.*

Un système, plus ou moins généralement répandu, qui associerait les ouvriers aux bénéfices de l'entreprise, pourrait peut-être contenter les salariés, mais, à coup sûr, il ne satisferait jamais complètement nos instincts innés de justice. Si les ouvriers sont associés aux bénéfices, dira-t-on toujours, pourquoi ne subissent-ils pas une part proportionnelle dans les pertes ?

Je sais ce que l'on répond à cette objection, ou plutôt ce qu'on essaie de répondre. Mais, à mon sens, les réponses ne sont pas topiques, et elles ne la renversent pas.

Les uns, tâchent de se tirer d'embarras en soutenant que, dans certaines industries, la main d'œuvre dépasse de beaucoup en importance le capital, et que, dès-lors, cette main d'œuvre a bien le droit de toucher des gains, sans participer aux pertes. Qu'est-ce à dire ? Que le travail produit plus que le capital ? Alors, faites la part du travail bien large dans les bénéfices ; mais, est-ce une raison pour exonérer ces bénéfices de toute perte ? L'on ne mérite de gagner qu'en courant des risques, à moins de se contenter d'une rémunération fixe, c'est à dire d'un salaire ordinaire.

D'autres partisans très convaincus du système que nous examinons sont encore un peu plus audacieux, et ils affirment que la fonction du travail est supérieure à celle du capital ; que le capital ne peut rien faire sans le travail, tandis que le travail, *aidé du crédit*, pourrait, à la rigueur, se passer du capital. Donc, concluent-ils, le travail peut être privilégié sur le capital, dans son mode de rémunération.

Nous avons déjà démontré plus haut qu'il ne fallait guère établir de hiérachie entre le travail et le capital, parce qu'ils étaient, tous les deux, des facteurs également indispensables de la production. Nous ajoutons ici que, c'est ne rien prouver contre le capital en faveur du travail, que de dire : le travail *aidé du crédit* pourrait se passer de capital.

Car le crédit n'est pas autre chose que le moyen de mettre un capital présent à la disposition d'un emprunteur, moyennant une promesse de remboursement. Le crédit donc suppose le capital existant ; et le travail, on le reconnaît, ne pouvant pas vivre sans crédit, cela veut dire tout simplement, que le travail ne peut pas s'exercer sans capital. On ne saurait donc établir de supériorité en faveur du travail sur le capital.

Enfin, les bonnes âmes qui veulent tout concilier quand même, mais qui n'ont pas grand souci de la logique, croient avoir trouvé le moyen de parer à toute difficulté, en faisant contribuer l'ouvrier aux pertes comme aux bénéfices, par le moyen suivant. On ferait des retenues sur le salaire des ouvriers ; et, dans le cas de pertes, ces retenues serviraient à les payer. Mais, alors, où serait l'avantage des salariés ? Ils auraient l'espoir de quelques bénéfices ; mais, en revanche, ils verraient leurs salaires amoindris . Or, comme nous ne parlons jamais que de combinaisons à conseiller et à faire accepter, et non point à imposer, il est bien probable qu'aucun ouvrier ne voudrait se voir privé, même avec l'espoir de bénéfices ultérieurs, d'une partie de son salaire actuel, destinée à couvrir les pertes de l'entreprise.

6.

Il faut donc, à mon avis, le reconnaitre résolument, la solution donnée au problème des souffrances des travaileurs par la participation aux bénéfices, est une solution un peu boîteuse, et à laquelle la logique et la justice ne pourront jamais prêter un appui très solide. Mais, comme mesure de transition, elle a des avantages qu'on ne saurait méconnaître. Dailleurs, elle est descendue dans la pratique. Plusieurs établissements industriels sérieusement organisés, l'appliquent depuis plusieurs années ; et l'on ne peut pas laisser passer ces applicatione sous silence.

D'abord, elle a l'avantage de créer dans l'atelier, entre la force de direction, représentée par le patron, et la force laborieuse, représentée par l'ouvrier, une *unité d'action* qui n'existe pas, il faut l'avouer, avec le système du salariat pur et simple. La puissance morale, qui est, au fond, le ressort des forces physiques, reste, le plus souvent, inerte et indifférente chez le salarié. Les bras seuls des ouvriers agissent, non leur bon vouloir. Le salarié exécute son labeur tout juste avec assez de régularité pour ne pas se faire renvoyer, mais pas avec le zèle dont il serait capable, s'il travaillait pour lui-même, ou s'il avait, tout au moins, un bénéfice quelconque à attendre de son surcroît de travail.

Sans doute, le paiement à la tâche peut supprimer cette tiédeur calculée de l'ouvrier. Mais l'on sait que plusieurs genres de travaux répugnent à ce mode de rémunération, qui leur est tout à fait inapplicable. D'ailleurs, d'autres inconvénients attachés à ce mode se révèlent par la nature du produit accompli dans ces conditions. Le travail fait alors, souvent, trop hâtivement, crée des objets de peu de solidité et de durée. Enfin, la rémunération à la tâche use souvent, surmène l'ouvrier qui ne sait pas résister au désir si naturel d'augmenter son bien-être par une accumulation fiévreuse d'efforts.

La participation aux bénéfices vaut donc encore mieux que la rémunération à la tâche comme stimulant au travail.

Elle a d'autres avantages incontestables. L'ouvrier, rémunéré de cette façon, économise mieux les matières premières et les outils qui ne lui appartiennent pas. Il ménage des valeurs qui doivent grossir l'inventaire de la fin de l'année. M. Leclaire, entrepreneur de peinture, à Paris, qui paie ses ouvriers avec des salaires grossis de la participation aux bénéfices, a fait déjà, depuis des années, sur ce point, des calculs qu'il a publiés dans tous les compte-rendus des opérations de sa maison.

On s'étonnait devant lui qu'il eût pu constituer, au profit de la société de secours mutuels de ses ouvriers, une dotation de plus de 4 à 500,000 francs de capital en 30 ans, en sus de la distribution, par tête, de 50 0|0 des bénéfices. Il répondit : « Un ouvrier, attentif, zélé, capable, peut produire, « de plus que l'ouvrier indifférent, au moins 60 cen « times de travail par jour, et il peut économiser « pour 25 centimes de matières et d'outils : soit 85 « centimes par tête, et 255 francs par an. Ce profit « multiplié par 300 ouvriers, donne un total de « 76,500 francs. En trente ans, c'est 2 millions « 295,000 francs. Que l'on ajoute les intérêts capi « talisés, et ce miracle de prospérité sera expliqué. »

Ce n'est pas tout. Puisqu'il faudrait, chaque année, pour répartir les bénéfices entre les ouvriers, les initier, dans une certaine mesure, aux opérations faites, aux risques courus, enfin aux hasards et aux complications d'une entreprise, on peut espérer que l'éducation industrielle des ouvriers se ferait ainsi, et qu'ils auraient dans leurs désirs d'autant moins d'impatience, qu'ils assisteraient à la constatation de toutes les préoccupations et de tous les embarras de leurs patrons.

Voilà, très impartialement résumés, les avantages que procurerait à tout le monde, et non pas uniquement aux ouvriers, leur association aux bénéfices.

D'ailleurs, ce n'est pas seulement avec des démonstrations théoriques que l'on peut solliciter
l'approbation pour un mode de rémunération de
cette nature. La pratique a le droit d'être entendue ;
et déjà, plus d'une organisation, fondée sur ce principe, a montré par sa vitalité qu'elle correspondait à
des besoins sérieux, et pouvait calmer bien des impatiences.

En Angleterre, notamment, l'on cite partout
l'exemple de la houillère de M. Briggs. En 1865,
ce chef d'industrie, fatigué des grèves nombreuses
qui se manifestaient parmi ses ouvriers, résolut
de les intéresser aux bénéfices de son entreprise ;
et depuis ce moment-là, jamais le ralentissement
du travail, dans cette houillère, n'a eu la grève
pour origine. Voici comment il procéda. La propriété des houillères, estimée à une valeur d'environ 90,000 liv. sterl. (2,250,000 f.) fut cédée à
une société en commandite formée, à cet effet, de
9,000 actions, de 10 liv. sterl. chacune, soit 250
francs. Les anciens propriétaires s'en réservèrent
les deux tiers pour demeurer maîtres de l'administration, et les 5000 actions restantes furent offertes
aux mineurs, aux clients et au public.

Mais il ne suffisait pas d'avoir ainsi ouvert la
porte aux ouvriers, pour qu'ils pussent devenir des

capitalistes, il fallait les aider un peu à obtenir cette qualité. Pour cela, renonçant à garder le secret sur ses bénéfices, M. Briggs résolut de les partager avec ses ouvriers afin de les intéresser à les accroître autant que possible. Le fonds social fut considéré comme se composant de deux éléments : d'une part, l'argent versé par les actionnaires, de l'autre, le capital fictif représenté par le travail des mineurs. Ainsi, je suppose qu'un ouvrier gagnât dans l'année 50 liv. sterl. (1,250 fr.) ; en calculant, comme pour le capital en actions, sur un intérêt de 10 0/0, le capital représenté par son travail était de 500 liv. sterl, soit 12,500 francs. Et, c'est sur le taux de ce capital ainsi formé, que la répartition des bénéfices s'est faite en faveur de chaque ouvrier.

De plus, une combinaison ingénieuse a engagé les ouvriers à devenir actionnaires. Ceux qui étaient membres de la société par l'achat des actions, avaient un avantage, dans le partage du profit, sur ceux qui n'étaient que simples salariés. Ainsi, pendant l'année 1856, la part des ouvriers actionnaires s'est élevée à 10 0/0 de la somme annuelle de leur salaire, tandis que les autres ne touchaient que 5 0/0. Mais à mesure que les ouvriers actionnaires devinrent plus nombreux, on égalisa la situation des uns comme des autres, ou l'on se rapprocha du moins de l'égalité, de telle façon que le dividende des ouvriers actionnaires représenta les 12 centièmes, et celui des simples ouvriers les 8 centièmes de leur salaire.

A Paris, l'on cite comme fondées, en grand, sur le principe de la participation des ouvriers aux bénéfices, la maison Leclaire, Defournaux et C$^{ie}$, entreprise de peinture en bâtiments , et celle de M. Edouard Voiron, également entrepreneur de peinture. L'imprimerie de M. Paul Dupont, la fonderie en caractères de MM. Laurent et de Berny, ainsi que la fabrique de pianos de M. Bord, toujours à Paris, ont également adopté le même système.

Dans les départements, on ne peut oublier de mentionner la fabrique de produits chimiques de M. Charles Kestner, dans le Haut-Rhin ; l'établissement de filature et tissage de MM. Steinheil et Dieterlin , ( Vosges ) ; et dans la Charente , à Angoulême , la fabrique de papiers de M. Laroche-Joubert. Tous ces établissements sont en pleine prospérité ; et notamment, pour la maison Leclaire et Defournaux de Paris , l'on peut être facilement renseigné sur toutes ses opérations. Chaque année, les chefs de cet établissement organisent une assemblée publique, où l'on rend compte de la situation morale et matérielle de la société ; et on livre à la publicité les procès-verbaux de la séance (1).

Cependant, les critiques ne manquent point à une pareille organisation. Des hommes très sérieux, fort au courant des choses de l'industrie, n'hésitent pas à dire que la participation des ouvriers aux bénéfices est, d'abord, très injuste, et, secondement, d'une application impossible.

Pour l'injustice, nous avouons qu'il n'est guère possible de reconnaître, comme parfaitement équitable, un système qui donne des bénéfices à certaines personnes et qui les dispense de contribuer aux pertes. Nous le reconnaissons, et nous le redisons. Mais, cet aveu fait, et il n'est pas sans importance, nous ne pouvons nous associer à l'émission d'autres raisons qui tendent à faire condamner de plus en plus, comme injuste, le système que nous examinons.

Il est contraire à la justice et au droit, dit-on, de permettre à l'ouvrier d'entrer dans les secrets de l'entreprise dont il n'est pas le directeur. N'étant pas responsable, il ne doit pas pouvoir pénétrer dans

(1) Voir et consulter avec fruit *La suppression des Grèves, par l'association aux bénéfices*, Conférence faite par M. Charles Robert, avec des notes très étendues sur tous les établissements industriels danslesquels les ouvriers sont associés aux bénéfices du patron. pag. 133 et suiv.—Paris, librairie Hachette.

l'examen des rouages de l'industrie dont il n'est pas le maître.

Nous répondons avec assurance, d'abord, que le patron ne sera pas obligé de dévoiler toute sa correspondance, toutes ses tentatives, tous ses efforts, tous ses mécomptes ou toutes ses espérances.

Ce que l'ouvrier aura le droit de savoir, c'est le chiffre des bénéfices, c'est le résultat acquis ; mais le chemin parcouru pour l'obtenir, mais les alternatives par lesquelles on passe, quand on dirige une industrie, tout cela constitue un secret qui peut être réservé, parce qu'il ne se mesure pas en chiffres considérés comme l'expression d'un résultat. Et, cela dit, nous estimons qu'il n'y a aucune injustice à dévoiler aux travailleurs qui ont coopéré sérieusement pendant un an, par exemple, à une œuvre commune, la situation vraie d'une entreprise, dont ils ont aidé à assurer le fonctionnement et à fonder le succès. L'on veut, tout le monde veut la conciliation du travail et du capital, c'est bien. Mais il faut pour cela prendre les moyens nécessaires. On n'y parviendra pas en organisant une espèce de régime de méfiance entre les capitalistes et les salariés. Ouvrez vos livres aux plus intelligents de vos ouvriers, dirons-nous aux chefs d'industrie; en assistant ainsi à vos travaux, ils apprendront à mieux vous respecter, et peut-être à ne pas vous envier autant.

Il y aurait injustice également, ajoute-t-on, à prendre chaque année la même base de répartition des bénéfices. Les circonstances, dans lesquelles la production s'opère, peuvent varier d'une année à l'autre, le prix des matières premières peut avoir changé, la concurrence peut être devenue plus active ; or, la quotité des bénéfices se modifiant, le chiffre abandonné aux ouvriers doit se modifier également. Ce raisonnement nous parait exact ; et comme nous ne voyons pas d'impossibilité à tenir compte de ces variations chaque année, nous répondons à l'objection, en lui donnant raison.

C'est un système impossible, soutiennent avec énergie d'autres personnes, que celui de la répartition des bénéfices. Pour elles, les difficultés s'accumulent ; et vraiment, c'est avec une espèce de passion qu'elle affirment qu'il n'y a aucun moyen acceptable de sortir des embarras qu'elles prévoient.

Les ouvriers, participant aux bénéfices, s'écrie-t-on, vont vouloir s'introduire, à toute force, dans la direction des ateliers. Ils y apporteront leur ignorance passionnée, leur défaut de prévoyance pour l'avenir, leur peu d'entente des affaires courantes. En un mot, ils brouilleront tout, et la gérance du patron sera impuissante à préparer des résultats sérieux.

L'exagération de ces craintes n'est-elle pas évidente ? Puisque les ouvriers ne sont pas responsables des pertes, ils ne devront jamais raisonnablement prétendre à la gestion des affaires. Avec cette simple considération, on aura toujours le droit de les en écarter. D'ailleurs, ne pourrait-on pas admettre telle combinaison, d'après laquelle, sans s'immiscer tout à fait dans la direction, un ou deux ouvriers délégués par leurs camarades, pourraient être consultés quelquefois par le patron, dans les circonstances difficiles, sans que cette adjonction momentanée créât des droits de surveillance jalouse et inquiète pour l'avenir ?

Mais s'il n'y a pas, tout au moins, impossibilité absolue et générale, l'adoption de la participation aux bénéfices ne sera guère possible, ajoute-t-on, que dans des cas fort restreints.

Toutes les industries sont loin de s'y prêter. Lorsque les opérations, que l'entrepreneur conduit, sont délicates, lorsque le succès de l'entreprise dépend surtout de sa manière d'agir, enfin, lorsque la partie commerciale est beaucoup plus importante que la partie manufacturière, le patron ne sera disposé, en général, ni à mettre ses ouvriers et employés dans la confidence des opérations, ni à leur en faire partager le bénéfice, comme associés, en amoindrissant lui-même son autorité.

Tout cela peut être exact, en grande partie; mais, qu'est-ce à-dire? Que la participation aux bénéfices ne peut pas être un mode général de rémunération de l'ouvrier, avantageux dans toutes les circonstances? Mais il ne s'agit pas de faire une loi universelle; il s'agit, au contraire, de ne rien imposer, mais seulement de conseiller une combinaison, qui, comparée au salariat pur, peut produire quelques bons résultats. Elle ne réussira, bien entendu, que là où elle peut réussir. On veut seulement attirer l'attention bienveillante et raisonnée des chefs d'industrie sur un terrain, où peut se produire la conciliation de certains intérêts. Qui a jamais prétendu sérieusement qu'il fallait, en cette matière, adopter, toujours et partout, la participation aux bénéfices; et que, si elle ne pouvait pas être utilisée partout, il ne fallait l'employer nulle part?

La maison Leclaire et Defournaux, dont nous avons parlé, n'a pu prospérer, prétend-on, que parce que c'est une entreprise industrielle, où la main d'œuvre est presque tout, — il s'agit de peinture et de collage de papier, — et où le patron est obligé de compter beaucoup sur le soin et sur l'activité d'ouvriers disséminés de côté et d'autre, et qu'il ne peut surveiller suffisamment. C'est ainsi que M. Leclaire, en faisant une bonne œuvre, a pu faire aussi une bonne affaire.

Cependant, il est certain que ce n'est pas l'industrie de la peinture, seule, qui peut s'accommoder de la participation aux bénéfices. La fabrication des pianos, l'imprimerie, la fonderie des caractères d'impression, semblent bien être des industries où la main d'œuvre ne joue pas un rôle à peu près exclusif. Comment se fait-il donc que la participation aux bénéfices s'y soit acclimatée ? Certes, il est dangereux d'être innovateur à outrance ; mais il faut se garder de s'insurger contre toutes les nouveautés.

Et, dans les discussions qui se produisent à propos du système que nous examinons, on dirait que c'est ce dernier sentiment qui domine surtout.

En veut-on une preuve ? N'est-il pas des hommes qui soutiennent sérieusement que l'industriel ne sait jamais s'il gagne ou s'il perd ? Cela a été dit dans une discussion qui a eu lieu à Paris à la société des Economistes, à propos de la participation aux bénéfices. *Ce n'est pas au bout de l'année , mais c'est seulement au bout de sa carrière, qu'un industriel sait s'il s'est enrichi ou ruiné.* (1) Et on comprend dès lors

______

(1) *Journal des Economistes.* Livraison de Mai 1870 p. 292.

comment on argumentait. Est-il possible de promettre à des ouvriers des bénéfices, quand on ne peut
pas toujours être assuré du point de savoir si l'on
en a réalisé ? Mais à quoi servent donc les inventaires auxquels sont soumis les commerçants? Est-il
admissible qu'ils vont toujours ainsi à l'aveuglette,
pendant toute leur vie ? Non, ce n'est pas sérieux.

Reste, maintenant, le secret de ces inventaires
auquel tiennent si fort les industriels. Le secret
des affaires, voilà le grand mot qu'on a toujours à
la bouche. Il a remplacé celui des finances, que défen-
daient autrefois avec tant d'âpreté, et pour cause,
les ministres de l'ancien régime monarchique. A quoi
donc peut servir ce secret si religieusement gardé ?
A dissimuler des bénéfices ou des pertes, n'est-ce pas?
Eh bien, si l'on dissimule des bénéfices, c'est qu'on
les juge soi-même exorbitants, susceptibles d'être
restreints, s'ils étaient connus. Si on dissimule des
pertes, c'est pour se procurer un crédit que l'on ne
mérite pas.

Voilà, si je ne me trompe, le débat tout entier, tel
qu'il se produit, à propos de la participation des
ouvriers aux bénéfices. Cette solution peut contenter
le cœur, satisfaire des instincts généreux. Mais la
rigidité de la raison ne s'en contentera jamais
complètement. Ce que la justice absolue n'approuve

pas, on ne saurait le soutenir par aucune argumentation vraiment inébranlable.

Quant à nous, nous estimons que l'on ne peut substituer au salariat, pour ceux qui veulent divorcer avec lui, que des associations librement consenties, bien conduites, où chaque ouvrier participe par lui même ou par ses représentants, à la direction de l'opération industrielle, et ne veut toucher de bénéfices que parce qu'il est soumis aux pertes. C'est ce que nous allons démontrer maintenant.

### III

*Sociétés coopératives.*

Nous voici enfin arrivés au moyen, vraiment sérieux, d'après nous, de remédier aux infortunes qui font tomber de la bouche des salariés les plaintes les plus vives et les plus radicales. Je veux parler de ceux d'entr'eux qui protestent contre le salariat lui-même et voudraient voir disparaître ce mode de rémunération du travail.

Pour nous, c'est à la puissance de l'association qu'il faut faire appel, afin de tarir la source de ces plaintes. Mais l'association que nous conseillons et que nous recommandons, a ceci de particulier et de rationnel, qu'elle ne veut rien devoir à l'Etat, qu'elle ne sollicite aucun secours du budget, et aussi, que loin de protester contre le capital, elle en conseille et en encourage la formation.

Mais, pour être sûr qu'un remède soit vraiment efficace, il est, avant tout, nécessaire de bien connaître le mal. Quelles sont donc les récriminations que font entendre les salariés, quand ils protestent contre le salariat lui-même, et non pas seulement contre l'exiguité de leurs salaires ? Il en est deux que l'on peut surtout distinguer.

D'abord, le salarié se plaint de ce que, malgré ce qu'il y a d'assez fixe dans le chiffre de son salaire, ce mode de rémunération laisse encore bien de la place au hasard. Oui, sans doute, le chiffre du salaire n'est point soumis à des variations journalières ; mais pendant combien de temps le salarié pourra-t-il le toucher ? Ses forces physiques peuvent disparaître demain.

En second lieu, n'étant pas intéressé comme capitaliste, dans l'entreprise, ne la dirigeant pas, il ne sait pas combien de temps elle durera, ni quelles sont ses chances de succès. N'ayant pas l'intelligence qui permet de diriger, n'étant pas, d'ailleurs, en général, associé aux pertes, il ne peut pas même être consulté par l'entrepreneur.

Ensuite, quoiqu'on puisse lui dire sur l'identité d'intérêt qui existe, au fond, entre le capital et le travail, le salarié croit invinciblement à un antagonisme flagrant entre lui et le capitaliste. Il ne connaît pas, évidemment, la démonstration que nous avons résumée dans les pages précédentes, de la solidarité d'efforts que l'on constate entre le capital et le travail. Tout au plus, vous concèdera-t-il que, sur le terrain de la création du produit, il n'y a pas lutte entre ces deux facteurs de la production. Mais, au point de vue de la distribution, il répondra à tous vos arguments : si sur un produit qui vaut 10, le capital prélève déjà 4 ou 5, et que le reste seulement m'appartienne, je ne peux pas être l'ami de cette puissance qui me prend le premier chiffre. Si elle n'existait pas, je serais seul à être payé, et n'ayant point de partage à subir, je serais maître de la situation.

Voilà donc, d'après ceux qui maudissent le salariat, le double vice qu'on lui reproche :

1° *L'incertitude de la position du salarié;*

2° *La division d'intérêt entre le capital et le travail, au moins, au moment de la répartition.*

Voici, ce me semble, le double remède :

Le premier, c'est que le travailleur puisse devenir directeur de travaux, intéressé à la direction. C'est le remède à l'incertitude,

7

Le second, c'est que les qualités de travailleur et de capitaliste puissent se trouver réunies sur la même tête. Tel est le remède assuré à la division d'intérêt.

Mais c'est ici qu'il faut serrer de près la démonstration. Ces idées sont, pour ainsi dire, formulées d'hier ; elles doivent être contrôlées avec rigueur.

Et d'abord, quand je parle de certitude, de sécurité de position à conquérir par le travailleur, c'est bien entendu : je ne parle que de la sécurité ordinaire, que l'on peut rencontrer dans les entreprises humaines. L'avènement des salariés à la direction des travaux, ne saurait avoir cette vertu secrète de mettre la certitude absolue à la place des hasards qu'entraîne forcément le jeu des activités et des institutions humaines. Le salarié ne peut espérer qu'une chose, c'est de pouvoir obtenir une situation égale ou analogue à celle qu'ont de notre temps l'entrepreneur et le capitaliste.

Il est plus évident encore que, si les salariés participent à la direction des travaux, ils doivent subir une portion dans les pertes, et dans les risques de l'opération. La responsabilité effective est la conséquence inévitable de la puissance dans la direction et de l'immixtion dans le maniement de l'opération.

Les devoirs sont toujours corrélatifs des droits : c'est un axiome de morale, que l'économie politique revendique également comme lui appartenant.

Il faut donc que le salarié prenne part aux dangers de l'entreprise.

Mais, comment le pourra-t-il, démuni qu'il est généralement de capitaux ? Qui voudra traiter avec des entrepreneurs sans solvabilité ? Ce n'est pas tout que d'avoir des aspirations vous poussant à sortir de la situation de salarié; il faut encore pouvoir les réaliser.

L'objection est très juste ; il n'y a qu'un moyen d'y répondre.

De tous les temps, comment a-t-on procédé quand on a constaté que, seul, on ne pouvait remplir une tâche, ou atteindre un but? Comment procède-t-on encore maintenant? L'on se réunit, l'on s'associe. Ce que ne peut un individu; deux, trois, dix le peuvent. A la foule rien ne sera impossible.

Prenons les exemples les plus ordinaires de l'application de cette idée, si simple, qu'elle en paraît banale.

Pourquoi un effet de commerce est-il escompté à la banque, devient-il *banquable*, quand il porte plusieurs signatures, ce qui n'aurait pas lieu s'il n'en portait qu'une seule? C'est que la réunion des ressources de plusieurs personnes inspire plus de confiance que leur isolement.

Quel est le principe sur lequel repose l'organisation des moyens d'assurance contre des risques quelconques ? Celui de la réunion des forces et des ressources, qui permet de répartir une perte considérable sur une foule de têtes ou de valeurs, de façon à rendre chacune de ses fractions vraiment insignifiante.

Un armateur a cinquante navires soumis en même temps aux risques de la navigation ; la perte d'un seul peut lui être presque indifférente ; elle se rérépartit sur les quarante-neuf autres portions de sa fortune maritime. Au contraire, s'il n'en a qu'un ou deux, combien la perte serait cruelle pour lui ! Mais il y a un remède fort simple à ce malheur. Cet armateur ne pourra-t-il point trouver un assureur qui, moyennant l'abandon d'une certaine somme, consentira à prendre à sa charge une portion de sa perte ; puis un autre, puis encore un autre qui accédera aux mêmes conditions, de telle façon que toute la perte finira ainsi par être couverte successivement ? Mais ce n'est là qu'une combinaison peu savante. Au lieu de forcer l'armateur à aller trouver plusieurs assureurs, les assureurs n'ont qu'à se réunir, et leurs capitaux associés feront bien mieux que leurs capitaux isolés.

Eh bien ! ce que les capitalistes ont accompli dans la plénitude de leurs droits, que les salariés l'accomplissent également. Et, la réunion faisant la force, ils pourront, eux aussi, obtenir du crédit après avoir combiné leurs petites épargnes ; et rien ne les empêchera plus de se commanditer eux-mêmes, de diriger et de commander, eux-mêmes, leur travail. La confiance, en effet, s'attachera à leurs associations, les pertes qu'elles pourraient faire subir devant se répartir sur une foule de têtes, et devant dès-lors se payer facilement.

Le droit de s'unir dans ces conditions n'est pas douteux. Les capitaux, tout formés, ont établi de ces vastes associations qui ont permis de créer les chemins de fer et de réaliser toutes les grandes opérations. Ce que les capitaux constitués ont pu faire, peut être légitimement accompli par les capitaux en formation, c'est-à-dire par les épargnes sur le salaire.

La raison, le droit sont donc d'accord ; reste l'application de l'idée, appuyée sur cette double base. Il ne faut pas en désespérer et s'imaginer que de petites épargnes sur de modestes salaires ne puissent pas former des capitaux sérieux.

D'abord, tous les salaires ne sont pas excessivement restreints ; ceux qui rémunèrent des travaux assez dangereux ont une certaine importance relative. Puis, il faut remarquer que les salariés les mieux payés ne sont pas toujours ceux qui économisent le plus. La vertu de l'épargne est souvent plus familière à ceux qui n'ont qu'un maigre salaire, et ce sont les plus nombreux. D'ailleurs, il y a mieux à faire que des hypothèses en pareille matière; l'expérience a montré, plus d'une fois, ce que pouvait l'épargne librement faite, et voulue puissamment dans un but déterminé. En Angleterre souvent, en France quelquefois, de longues grèves ont été soutenues par des cotisations d'ouvriers. N'est-il pas permis d'espérer que l'épargne, destinée à commander et à soutenir le travail productif, sera plus facilement obtenue que l'épargne chargée de seconder uniquement la grève improductive?

Pourquoi même parler, comme je le fais, au futur? On peut indiquer des résultats déjà obtenus, notamment en Allemagne, par les efforts des travailleurs associés, surtout pour organiser des institutions de crédit; et l'on demeure frappé de la puissance réalisée de l'idée que j'expose. C'est là que l'on voit ce qu'ont produit des versements mensuels de 5 silbergroschen, c'est-à-dire de 55 centimes de notre monnaie. Un homme d'Etat anglais disait récemment : *L'on ne sait pas encore ce que vaut le sou par semaine*. Nous pouvons, je crois, sans trop de témérité, poser l'hypothèse, plus consolante encore, de l'économie d'un sou par jour, et songeons alors aux chiffres que voici : *un million de travailleurs économisant seulement un sou par jour, aurait obtenu, à la fin de l'année, un capital de 18 millions.*

Quelles sont les fortunes particulières, même des plus considérables, qui pourraient faire de pareilles réalisations de fonds ?

N'oublions pas, maintenant, qu'il faut répondre à la seconde plainte émise par le salariat : *Il y a division d'intérêt entre les salariés et les capitalistes.* Nous avons nommé le remède : c'est la confusion, sur la même tête, de la qualité de salarié et de capitaliste. Il faut maintenant le justifier théoriquement et montrer la possibilité de son application.

Sa justification théorique ne saurait être longue. Quelles que soient les concessions que consentent à se faire deux personnes ayant des intérêts distincts, il est bien rare que chacune d'elles trouve que l'autre en fait assez.

Faut-il alors, désespérant d'obtenir des concessions volontaires faites par des intérêts divers, que le législateur intervienne pour les imposer ? Non. La loi doit se garder le plus possible de mettre des entraves au libre exercice du droit de propriété ;

et, quand elle ne peut pas imposer une mesure parce qu'elle ne le doit point, il n'est pas de sa dignité de donner de simples conseils.

Si donc l'on ne peut compter, ni sur l'accord libre des intérêts, ni sur la volonté de la loi, il ne reste plus qu'un moyen unique pour faire disparaître la lutte de ces intérêts : c'est de les réunir sur la même tête d'homme.

Les deux qualités rivales se neutraliseront, quand elle seront confondues dans la même personne. Ah ! si tous les homme pouvaient être, à la fois, producteurs et consommateurs des mêmes choses, quel silence se ferait, au lieu de ce concert de récriminations que l'on entend tous les jours sur l'antagonisme vrai ou faux qui existe entre ces deux situations ! Le vendeur se plaint que l'acheteur ne paie pas assez cher ; l'acheteur, à son tour, prétend qu'il est exploité. Si l'on pouvait trouver une combinaison qui fît tout un groupe d'hommes *acheteurs* et *vendeurs* à la fois, n'est-ce point que toutes plaintes cesseraient, comme par enchantement ?

*L'escompteur* trouve absurdes les lois qui restreignent un peu le droit de demander un fort loyer de l'argent ; *l'escompté*, l'emprunteur les trouve fort à son goût. Voilà une lutte d'intérêts.

Ah! si l'on pouvait trouver le moyen d'être à la fois *escompteur et escompté!*

Le salarié croit que la part faite au capital est trop large ; s'il pouvait être à la fois travailleur et bailleur de fonds !

Aurions-nous cependant rencontré ainsi l'idéal et fait descendre le paradis sur la terre ? Nullement. Notre prétention n'est pas d'avoir trouvé la panacée universelle des maux de l'humanité. C'est le lot qui nous est fait, et il faut l'accepter sans murmurer : nous avons, à la fois, la gloire et la douleur de ne conquérir un peu de bien que par de patients efforts. Mais, au moins, nous aurons peut-être rencontré une solution, qui paraît juste, à des difficultés devant lesquelles on ne saurait passer froidement indifférent.

Cette solution s'appelle la *mutualité*. Le mot n'a rien d'effrayant, et, d'ailleurs, il sert d'enseigne à des institutions que la raison unanime a déjà consacrées.

C'est ce qu'il faut voir maintenant. Car la meilleure pierre de touche pour apprécier la valeur d'une idée qui demande à s'incarner dans la pratique, ce sera toujours la démonstration faite, qu'elle a déjà une tradition historique, des racines dans le passé et une certaine assise dans le présent.

7.

Or, qui n'est disposé à admettre les sociétés de *secours mutuels* et les assurances *mutuelles*, comme des applications sérieuses de l'idée que je voudrais voir appliquer de plus en plus?

La grande famille humaine repose, sans doute, sur l'échange des services. Cependant, quand un membre de cette grande famille souffre et ne peut plus travailler, il lui est permis, à coup sûr, sans rougir, de recevoir des services de son semblable, sans lui rien donner en échange. Mais il n'en est pas moins certain que le *secourant* et le *secouru* sont alors dans une situation qui peut se caractériser par un froissement d'intérêt.

Ce froissement disparaît, au contraire, complétement dans l'organisation des Sociétés de secours mutuels : chacun des membres est, *à la fois*, secourant et secouru, au moins quand les cotisations sont demandées aux associés seuls, et qu'il n'y a pas de membres *d'honneur*, simples donateurs.

Les assurances *mutuelles* sont fondées sur la même idée, qu'il s'agisse d'assurances sur la vie ou contre des risques quelconques. On est, à la fois, *assureur et assuré* : où serait la lutte d'intérêts? Combien surtout l'on se sent fier, de cette fierté qui naît de l'accomplissement large et intelligent du devoir, quand on peut, par le versement volontaire d'une somme assez minime, se promettre que votre famille ne souffrira pas trop, pécuniairement, du vide que votre mort fera au milieu d'elle ! Notre épargne isolée eût été impuissante, si respectable qu'elle fût par son origine et son but ; mais elle grandit par son rapprochement avec d'autres, et cette combinaison, qui aide un peu à la solidarité des hommes, sans rien coûter à notre liberté et à notre dignité, nous permet de mourir plus tranquilles.

Enfin, l'institution des caisses de retraite pour la vieillesse, organisée par les lois de 1850 et de 1853, mais qui n'a commencé à fonctionner que le 11 mai 1861, est-elle autre chose qu'une application du principe de mutualité ?

Eh bien ! un pas, deux pas de plus, et nous rencontrons les *Sociétés coopératives*.

Rien ne doit être plus libre et plus élastique que leur constitution ; mais elle se présentent, le plus généralement, sous trois formes typiques, qu'il est temps d'indiquer : — *Sociétés de consommation,* — *Sociétés de crédit,* — *Sociétés de production.*

La Société de consommation se forme pour conquérir les trois avantages que voici :

1° Profiter du crédit que l'on donne toujours à un acheteur qui fait des acquisitions considérables ;

2° Obtenir des denrées de bonne qualité, que le consommateur puisse prendre en toute sécurité ;

3° Eviter que le prix de ces denrées ne soit grevé de la rémunération que perçoivent des intermédiaires inutiles ou souvent trop nombreux.

Et pour arriver à ces résultats, que faut-il? Former un certain fonds qui permette, en réunissant des épargnes cependant peu considérables, d'agir comme un gros acheteur, et grouper un certain nombre d'hommes dont chacun, à tour de rôle, pourra être le gardien du magasin unique, chargé de vendre aux associés qui ont fourni leurs cotisations. — Ce mode de société fait disparaître la lutte entre les vendeurs et les acheteurs. C'est la *mutualité* la plus élémentaire.

Les sociétés de crédit, florissantes surtout en Allemagne, groupent les épargnes de façon à pouvoir se constituer, avec leurs secours, les banquiers des adhérents de ces sociétés.

Dans ces sociétés, chacun est prêteur et emprunteur, escompteur et escompté. Ces sociétés prêtent aussi leur signature sociale à leurs membres et peuvent, de cette façon, aider aux réescomptes des effets souscrits par les associés.

Enfin, dans les sociétés de production, on tâche de réunir sur la même tête les qualités de travailleur salarié et de capitaliste. Les salariés travaillent autant que possible avec les capitaux qu'ils ont réunis, et le chiffre de leurs salaires leur donne droit à des profits , comme s'il représentait un capital formé et acquis depuis longtemps.

Voilà l'esquisse rapide de l'organisation des sociétés dites *coopératives*.

Mais il importe maintenant de bien caractériser les tendances de ceux qui croient à leur avenir et à leurs résultats avantageux.

Le principe fondamental des associations coopératives, celui auquel elles tiennent tout spécialement, c'est qu'elles doivent se constituer, sans demander aucun secours à l'Etat, aucun subside au budget.

La *coopération* veut faire ses affaires elle-même. Elle a raison, d'abord, parce qu'il n'est rien de plus injuste que de prendre dans la poche de tous, sous forme de subventions inscrites au budget, pour tenter une œuvre qui peut ne pas profiter à tout le monde. Puis, l'histoire démontre que les institutions vraiment durables, et les seules durables, sont le fait de ceux qui avaient un intérêt direct à les constituer.

En second lieu, l'association coopérative ne prend, des forces et de l'activité humaine ou de ses produits, que juste ce qu'il en faut pour arriver au but qu'elle se propose. Le mot de *coopération* indique clairement cette idée. (*Cum opus*, œuvre faite ensemble.) Il s'agit uniquement de faire une œuvre, d'atteindre un but déterminé *ensemble* : mais, hors de là, plus de lien étroit, plus de solidarité; point d'habitation en commun, point de communauté de vie. La liberté de chacun et la spontanéité de tous sont parfaitement sauvegardés ; nulle atteinte ne leur est portée.

Dans certaines périodes de l'histoire des peuples, du nôtre, notamment, il a bien fallu, sans doute, quelquefois, que les associations formées entre les faibles se constituassent fortes et serrées, pour pouvoir combattre un milieu hostile ou pour résister à d'injustes attaques. Et, afin d'arriver à ce résultat, il importait que l'homme fut pris tout entier par ces associations, de façon à former un tout indivisible et inébranlable. C'est ainsi que les corporations du moyen-âge ont dû agir pour opposer de véritables résistances à la féodalité, et il importait que chaque membre entrant dans son sein abdiquât une large part de liberté. Les rites du compagnonnage et de la franc-maçonnerie, qui ont la prétention de lier toute la vie de l'adepte par d'indissolubles engagements, n'ont pas d'autre raison d'être que ce désir ou ce besoin de se faire très forts dans un milieu hostile à l'association. Quand cette hostilité est marquée par la loi ou par des actes du gouvernement, toute association prend le caractère d'une conspiration ; mais, à l'heure qu'il est, et dans notre pays, ce serait le plus dangereux et le plus inintelligent des anachronismes.

L'on ne se cache pas pour constituer une société de secours mutuels ; pourquoi songerait-on à se cacher et à s'armer d'une puissance collective et occulte, laissant à peine respirer l'individu dans l'association, pour s'assurer contre les fluctuations des salaires et l'incertitude du lendemain ?

Les sociétés coopératives doivent donc laisser et laissent, en effet, en dehors d'elles la conscience de l'homme et tous ses droits : l'opinion religieuse, l'opinion politique, les relations intimes et la vie de famille.

Mais malheureusement, les sociétés coopératives qui se sont fondées en France ne peuvent pas échapper au reproche d'avoir arboré un drapeau d'une certaine couleur. Organisées qu'elles étaient pour faire des affaires, grouper des économies, créer des produits, elles ont trop souvent songé à se transformer en instruments d'opposition politique. Et c'est là, j'en suis sûr, l'une des raisons pour lesquelles elles n'ont pas pris l'extension qui aurait été la conséquence de l'application de principes tout-à-fait libéraux.

Dans ces sociétés, où l'on veut augmenter son bien-être par des moyens honnêtes qui n'apportent aucun trouble aux situations acquises, et qui respectent le principe de la rémunération des services par l'échange, il faut subordonner l'unité, qui ne serait obtenue qu'au moyen de la contrainte, au besoin de la liberté.

Ces sociétés doivent aussi, — et ce n'est pas un de leurs caractères les moins saillants, — laisser une grande facilité pour la retraite de leurs adhérents, et ne point demander d'engagements d'une trop longue durée. En d'autres termes, ces sociétés auront une forme dite *ouverte*, ce qui suppose la variabilité possible dans le chiffre des associés ou celui des capitaux engagés.

Il est bien entendu que la loi n'a rien à imposer dans ces matières ; quant à nous, nous ne nous reconnaissons que le droit de donner des conseils sympathiques aux hommes qui se plaignent de souffrir, eux ou leur famille, malgré leur activité au travail.

Et, pour prêter plus d'autorité à ces conseils, qu'il nous soit permis d'emprunter quelques lignes au livre de M. Corbon, que nous avons déjà cité plus haut.

» Règle générale, dit cet auteur, qui connaît

les ouvriers, au milieu desquels il vit, ainsi que
les associations ouvrières, « il vaut beaucoup mieux
» que la porte de l'association ne s'ouvre qu'avec
» ménagement au nouveau venu, que de s'ouvrir
» avec peine à l'associé qui veut sortir. Un associé,
» retenu, malgré lui, sera une pomme de discorde.»

M. Corbon repousse également la longue durée
des sociétés. « La longue durée n'est protectrice
» que de la routine. Le progrès veut la mobilité, en
» toute chose, et particulièrement dans les condi-
» tions du travail. »

Il voit aussi sans plaisir les associations grouper
plus de monde dans leur sein, qu'il n'est de stricte
nécessité. « Plus leur personnel s'accroît, plus
» la gérance devient chose délicate, et moins l'as-
» socié peut prendre une part directe aux affaires
» de l'association. Il n'a guère que le rôle d'un
» salarié simple. Les gérants voudraient, au con-
» traire, presque toujours un grand personnel :
» ils inclinent facilement à devenir des rois qui dési-
» rent un peuple nombreux. » (1)

On le voit donc, la société coopérative ne veut pas
être une corporation tyrannique pour ses membres ;

(1) Corbon, *Le Secret du Peuple de Paris*, p. 132.

et, si elle écoute les conseils de ceux qui ont l'expérience de la pratique, elle ne songera pas, non plus, à accaparer tout un marché de production, de façon à constituer une espèce de monopole. Non, les associations coopératives ne ressusciteront pas les priviléges. Organisées dans la même région, dans la même ville, elles se feront concurrence. L'émulation, toujours féconde dans ses résultats, les poussera à se surpasser mutuellement en activité, en bonté de méthodes et en qualité de produits.

Dans leur sein, on n'a jamais préconisé la fausse doctrine de *l'égalité des salaires*. L'on sait bien qu'elle est destructive de tout effort sérieux, qu'elle décourage l'homme zélé, et qu'elle rend encore plus paresseux le membre inutile d'un atelier.

D'ailleurs, à côté des associations qui pourront se former, quand elles auront rapproché des épargnes sufisantes, rien n'empêchera que les ateliers, organisés suivant le mode de l'unité de la direction et du salariat, ne continuent à exister.

Il est des natures timides auxquelles ne conviendra jamais le régime de l'association, où il faut que chacun paie de sa personne dans les hasards d'une opération, en contribuant aux pertes. Pour celles-là, le régime du salariat est le seul qui leur convienne. Les chances de s'y enrichir n'existent pas, sans doute, mais, en revanche, il n'y a point de risques à courir dans la direction d'une entreprise.

Enfin, il est certain que les hommes qui s'intéressent à la formation des sociétés coopératives, et qui y voient une solution sérieuse, n'ont jamais prétendu qu'elles constituâssent un remède dont l'efficacité serait immédiate et universelle. Il ne s'agit pas de procéder par bouleversements généraux, d'essayer de refondre toute la société. Nous savons que les instincts et les besoins de la nature humaine doivent être sauvegardés, avant tout. Aussi, respectons-nous, absolument, la propriété individuelle, la liberté de l'homme sous toutes ses manifestations, et le désir qu'il a d'être d'autant plus payé qu'il a mieux travaillé.

La société coopérative n'a qu'une prétention, c'est d'être une combinaison qui tend à supprimer les froissements entre le capital et le travail, sans violer aucun principe et en respectant tous les intérêts.

Nous la proposons, qu'on l'étudie.

Jamais elle ne sera imposée, quand même on serait certain qu'elle forme une solution destinée à assurer la félicité de tous.

L'on sait trop que le bonheur, lui-même, perd toute sa valeur, s'il n'est pas volontairement recherché et volontairement accepté. Elle ne veut rien devoir qu'à la persuasion et à la contagion de l'exemple.

Mais j'entends l'objection. Pourquoi les sociétés coopératives n'ont elles pas réussi, en grand nombre, dans notre pays ?

Il y a d'abord à cela une raison générale ; je l'ai déjà donnée. C'est qu'elles ont fait souvent trop de politique et de politique exclusive, ou même violente.

Il en est une autre. Le Français, en vertu de la *furia* qui porte son nom, a voulu saisir le taureau par les cornes, et commencer par l'association la plus difficile et la plus complexe, c'est-à-dire, l'association de production. Il s'est trompé. Est-ce qu'il était possible que, du jour au lendemain, les salariés pussent conquérir toutes les qualités pratiques et théoriques d'un directeur d'industrie : la science de la tenue des livres, la géographie commerciale, la connaissance des besoins du consommateur, l'habitude des calculs à longs termes pour les opérations hasardeuses?... Il aurait fallu commencer, d'abord, par se ménager la vie à bon marché au moyen de la création des sociétés de consommation ; ensuite, s'assurer le crédit par l'association des épargnes ; et seulement après tout cela, aborder l'œuvre, bien plus difficile, des sociétés de production.

L'Angleterre et l'Allemagne l'ont bien compris.

En Angleterre, c'est surtout à la société de consommation que l'on s'est attaché. En Allemagne, c'est à la société de crédit.

Voilà l'ordre logique et rationnel. Mais, pour le suivre, il faut avoir la patience que nous savons pas avoir.

Le salarié est placé dans des conditions de vie matérielle, souvent assez difficiles. Qu'il commence à alléger ces difficulté par des efforts qui tendront à obtenir, dans le fonctionnement des sociétés de coopération, de véritables économies dans le prix d'achat des denrées.

Ces économies obtenues, et un petit capital étant ainsi constitué, que le travailleur groupe ses économies avec celles des ouvriers du même atelier, avec celles de ses voisins. Il aura ainsi conquis le moyen, par l'organisation des sociétés de crédit, d'obtenir sur sa signature la disposition de sommes doubles ou triples de sa mise de fonds. Ainsi, il pourra, parer aux éventualités du ralentissement du travail ou du chômage complet. Il lui sera loisible aussi d'acheter des instruments de travail perfectionnés, et enfin même, peut être, de se faire, lui aussi, entrepreneur de certains travaux.

Alors, l'éducation industrielle du salarié s'étant ainsi complétée, il pourra devenir un rouage tout-à-fait utile dans une société coopérative de production.

C'est qu'il ne suffit pas, en effet, d'avoir l'éducation professionnelle du producteur, pour pouvoir devenir un entrepreneur de production. Comme l'a très bien dit M. Jules Simon, ce sont deux choses bien distinctes, que de savoir forger du fer, ou de savoir vendre du fer forgé.

Dans le dernier cas, pour réussir, il faut d'abord savoir acheter la matière première, en juger les qualités ou les défauts, apprécier le rendement qu'elle donnera. Cela fait, trouver, ou savoir chercher les méthodes les plus sûres, les plus rapides et les moins coûteuses de production.

Est-ce tout ? Non certes. Et la prévoyance qu'il faut apporter dans toutes les opérations ; et les débouchés dont il faut s'assurer, etc., etc.

Voilà ce que savent les entrepreneurs d'industrie qui ont réussi ; et ce n'est point du jour au lendemain que l'ouvrier, même le plus intelligent et le plus habile dans sa partie, pourra être mis en possession de toutes ces connaissances diverses. Le croirait-on, une des causes, les plus fréquentes, du peu de réussite des sociétés coopératives de production a été l'absence de bons teneurs de livres.

Sans écritures régulières, donnant jour par jour le mouvement exact des opérations d'achats ou de ventes, l'on marche en aveugle, et la direction des travaux devient tout-à-fait arbitraire. Et cependant, il est certain que bien des plaintes ont dû souvent être émises par les ouvriers d'un atelier contre le teneur de livres que l'on se prenait à considérer comme un oisif.

Il faut donc, de nécessité absolue, si les salariés veulent améliorer sérieusement leur situation, et surtout la transformer, que leur éducation se fasse. Pour cela, tous, individu ou collectivité, personne privée, ou commune, ou Gouvernement, nous avons des devoir impérieux à remplir, nous devons multiplier les moyens d'instruction.

Alors, l'élévation de ceux qui souffrent de leur condition se fera sans secousses, sans *révolution*, par voie *d'évolution*. Et tout le monde applaudira sans réserve.

En dehors de ce mode d'action, l'on ne rencontrera que des déplacements violents de bien-être matériel, et aucune fondation durable. Or, ce déplacement ne se produirait pas sans résistances. On n'en pourrait triompher que par la force et la terreur.

La terreur n'a jamais rien organisé de stable et

de juste en politique, d'abord, parce que les violen
ces ne peuvent pas durer éternellement, et puis, c'es
que la terreur serait condamnée à se perpétuer pou
produire un effet sérieux. Et alors, quand la lass
tude est arrivée, c'est la terreur, elle-même, qu
ouvre la porte aux dictatures. La Convention a pré
paré le 18 brumaire ; Robespierre et Saint-Jus
justifient Napoléon.

Combien ces idées sont encore plus vraies en éc
nomie politique, là où les problèmes sont beaucou
plus complexes, que quand il s'agit de l'organisatio
des gouvernements ! Est-ce que la force peut avo
jamais la prétention de faire faire des économies
de constituer des épargnes, de trouver le mod
d'emploi réellement productif des facultés de cha
que individu, de commander la confiance dar
l'avenir, de mesurer le crédit que mérite un
personne ou une institution ? Ici, plus que partou
ailleurs, il faut de la liberté, du libre arbitre,
libre choix du travail, la liberté complète de l'ass
ciation.

La formation du capital, la productivité d
travail, l'abondance des échanges, la sûreté de
communications : qui a jamais songé, et qui
jamais, surtout, réussi à les conquérir par les abu
de l'autorité ou de la force. ?

Le dernier mot de cette étude ressemblera donc au premier. *Liberté*, comme moyen unique de toutes les réformes politiques et de toutes les améliorations sociales.

Jamais, il ne fut plus utile de l'inscrire sur le drapeau que portent dans leurs mains les hommes consciencieux qui ont confiance dans un avenir meilleur ; jamais il ne fut plus opportun de conquérir définitivement et de faire aimer la chose.

# TABLE

FIN DE LA TABLE

Printed in Dunstable, United Kingdom

Printed in Dunstable, United Kingdom

85056569R00100